PAS DE SORTIE POUR
LES ADULTES

LABYRINTHE ADULTE

ActivityCrusades

Publié par Speedy Publishing Canada Limited

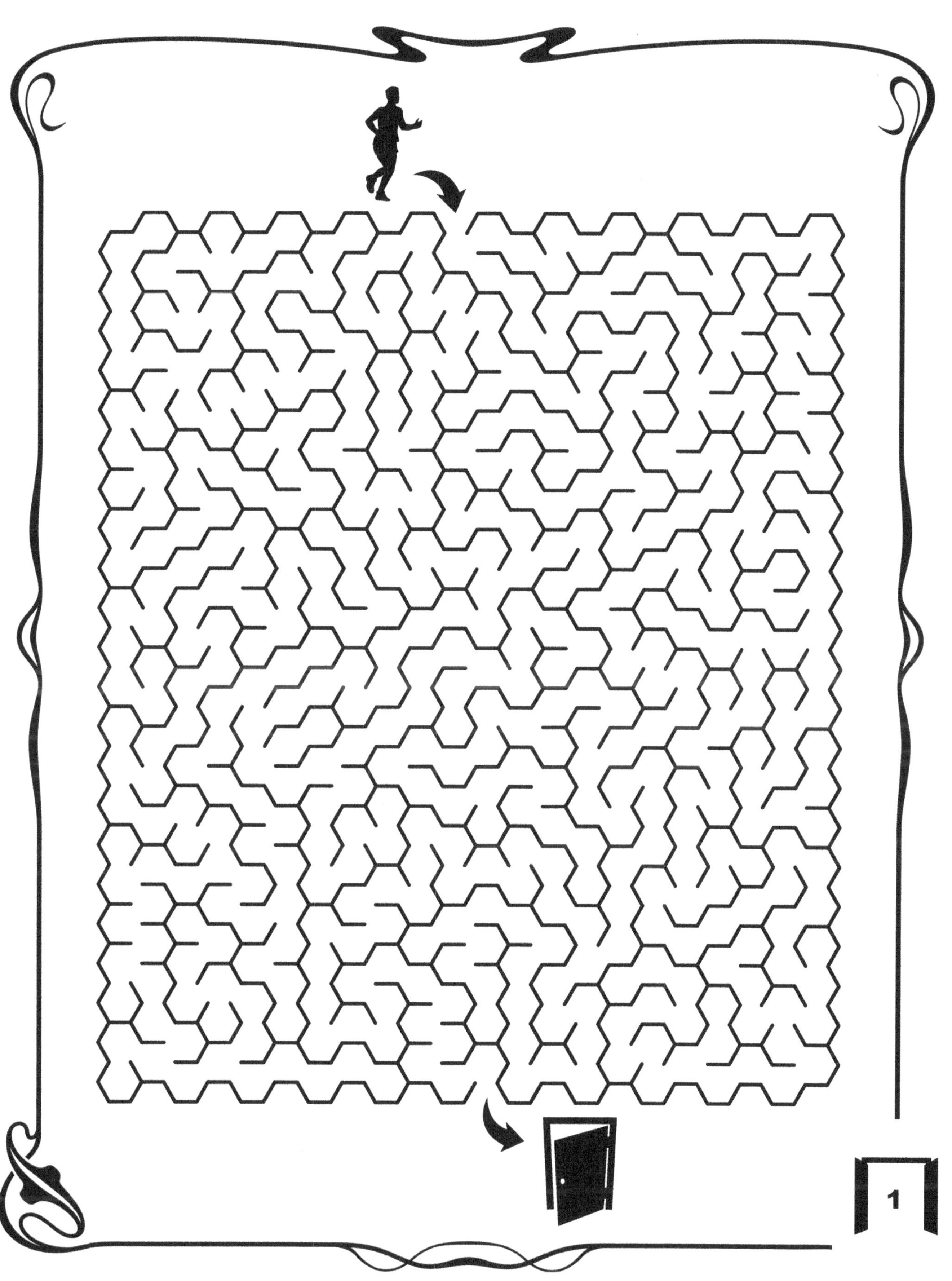

1

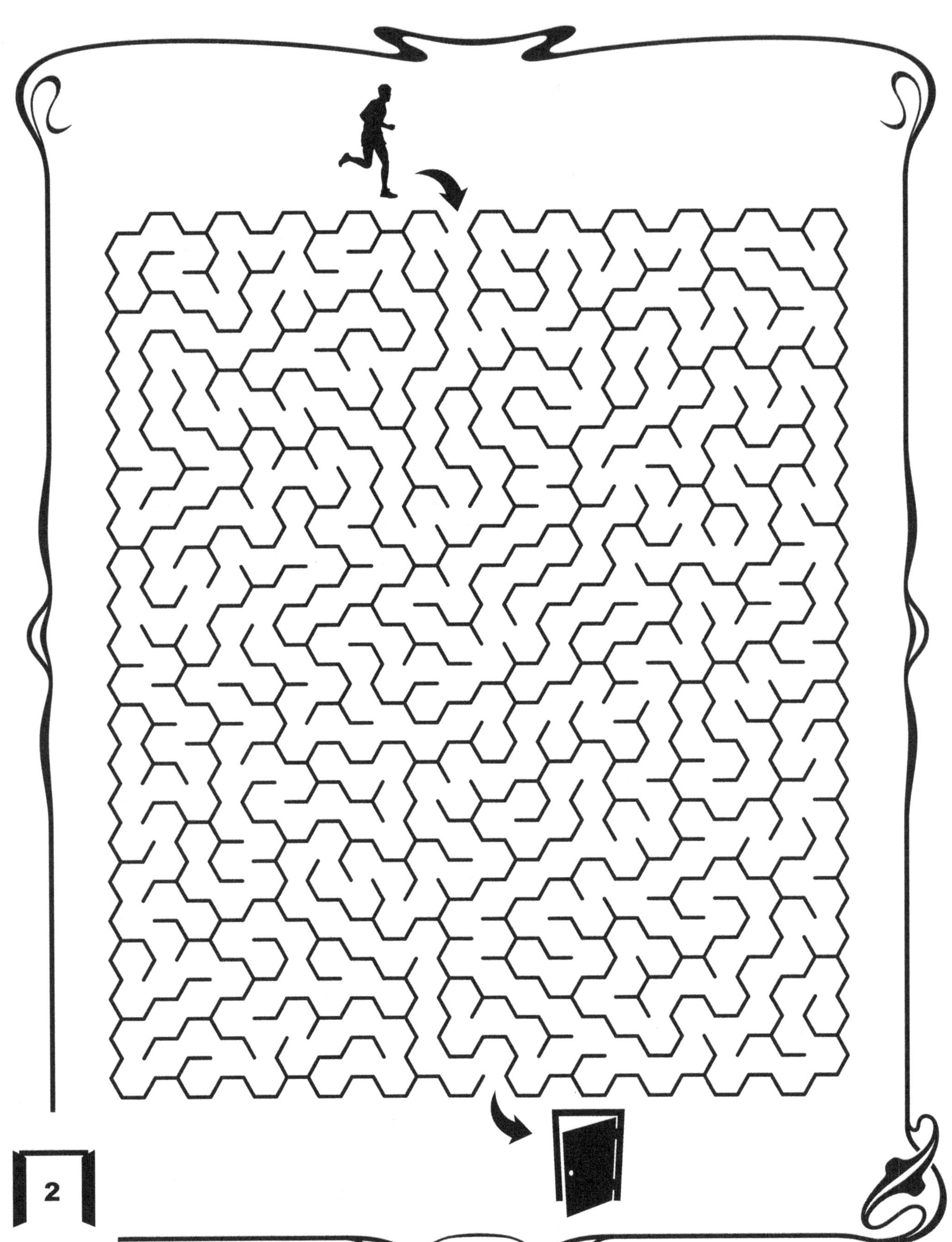

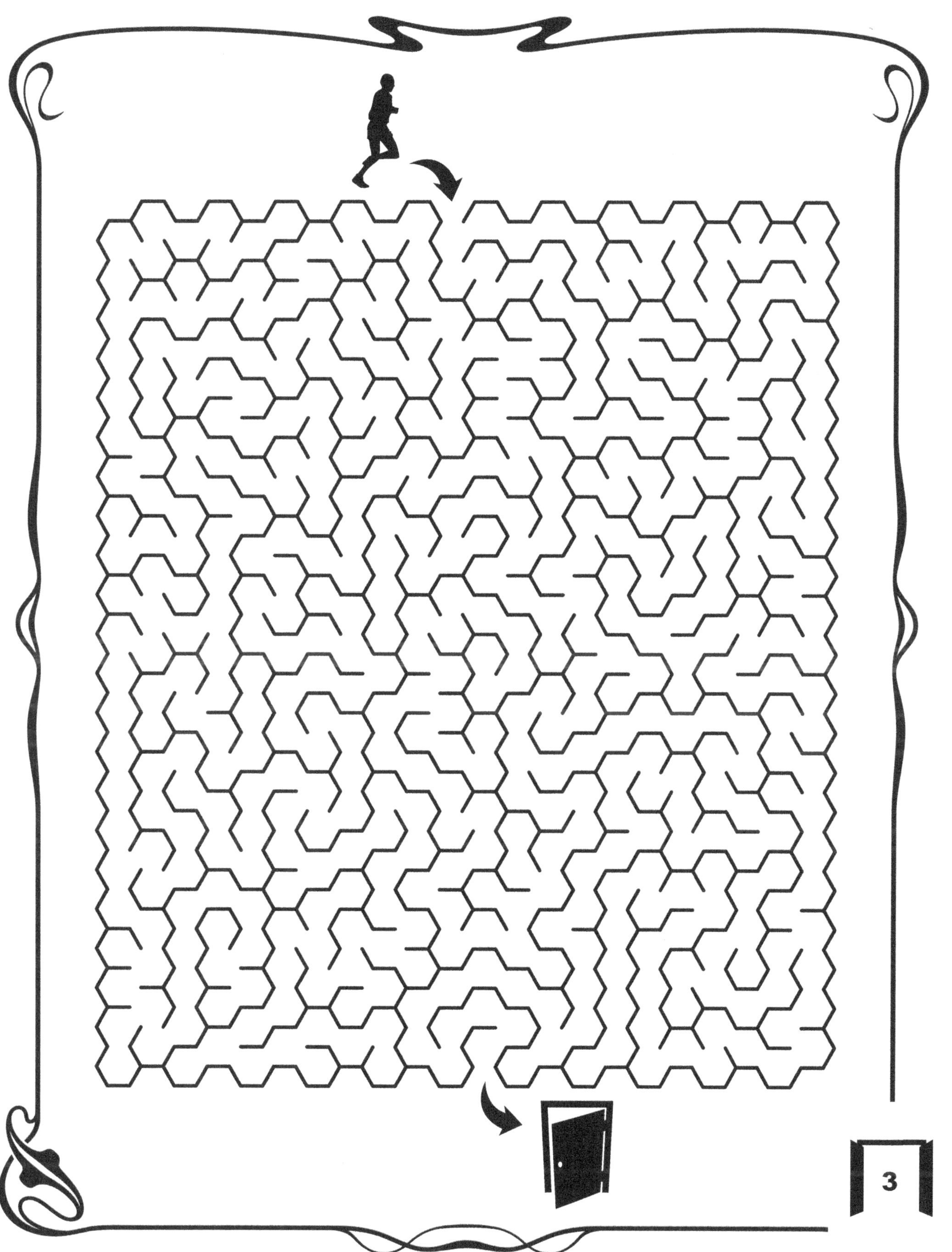

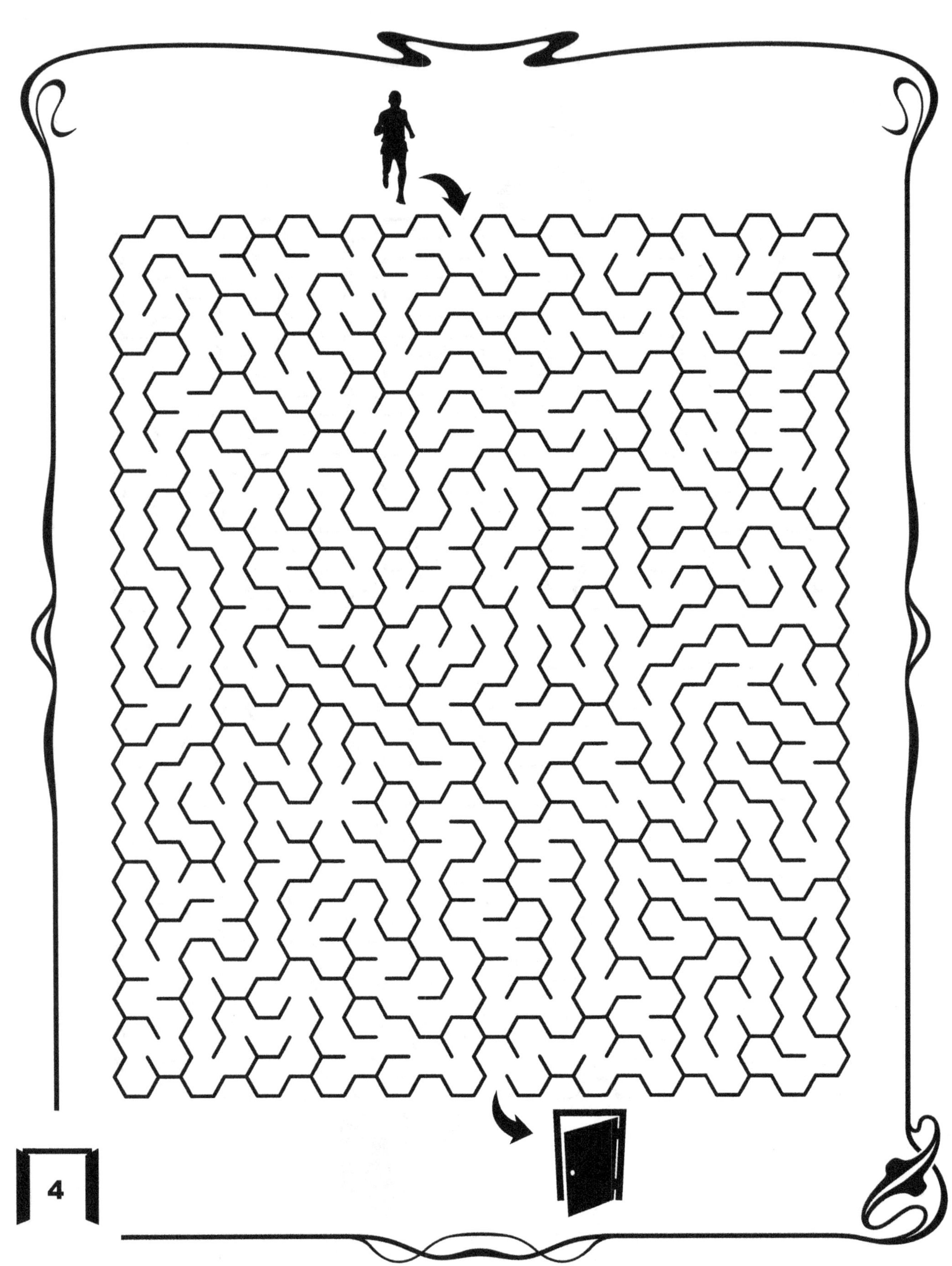

4

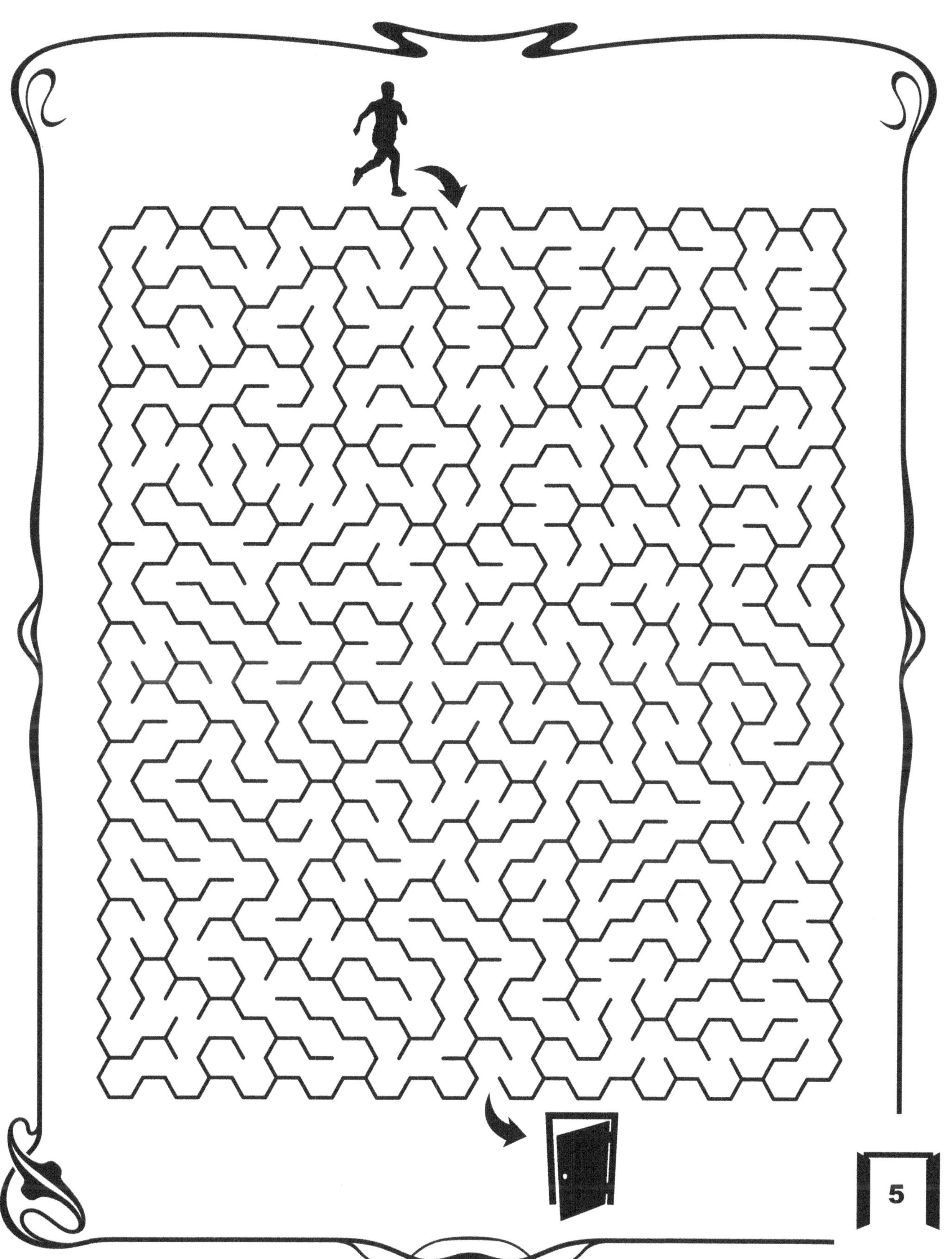

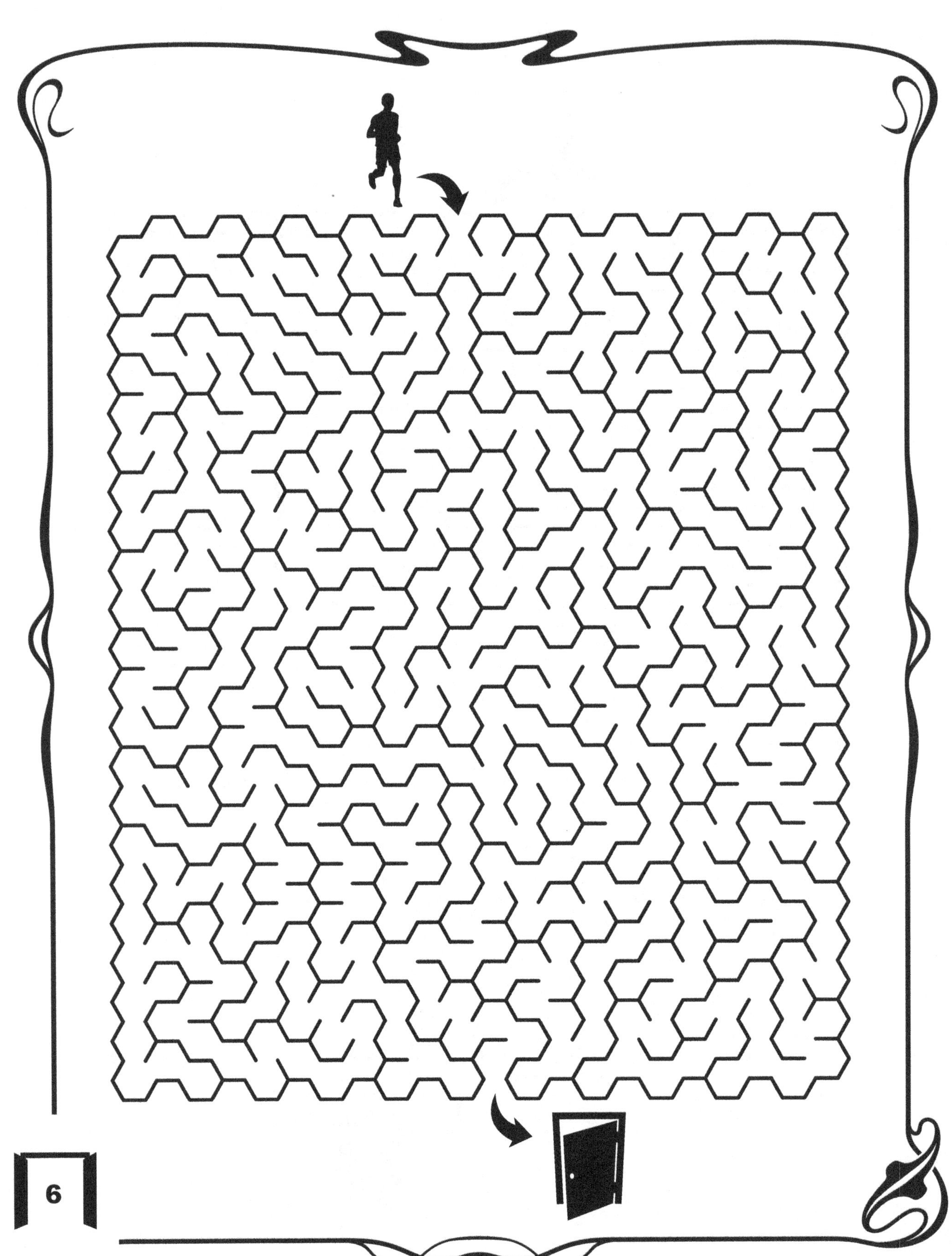

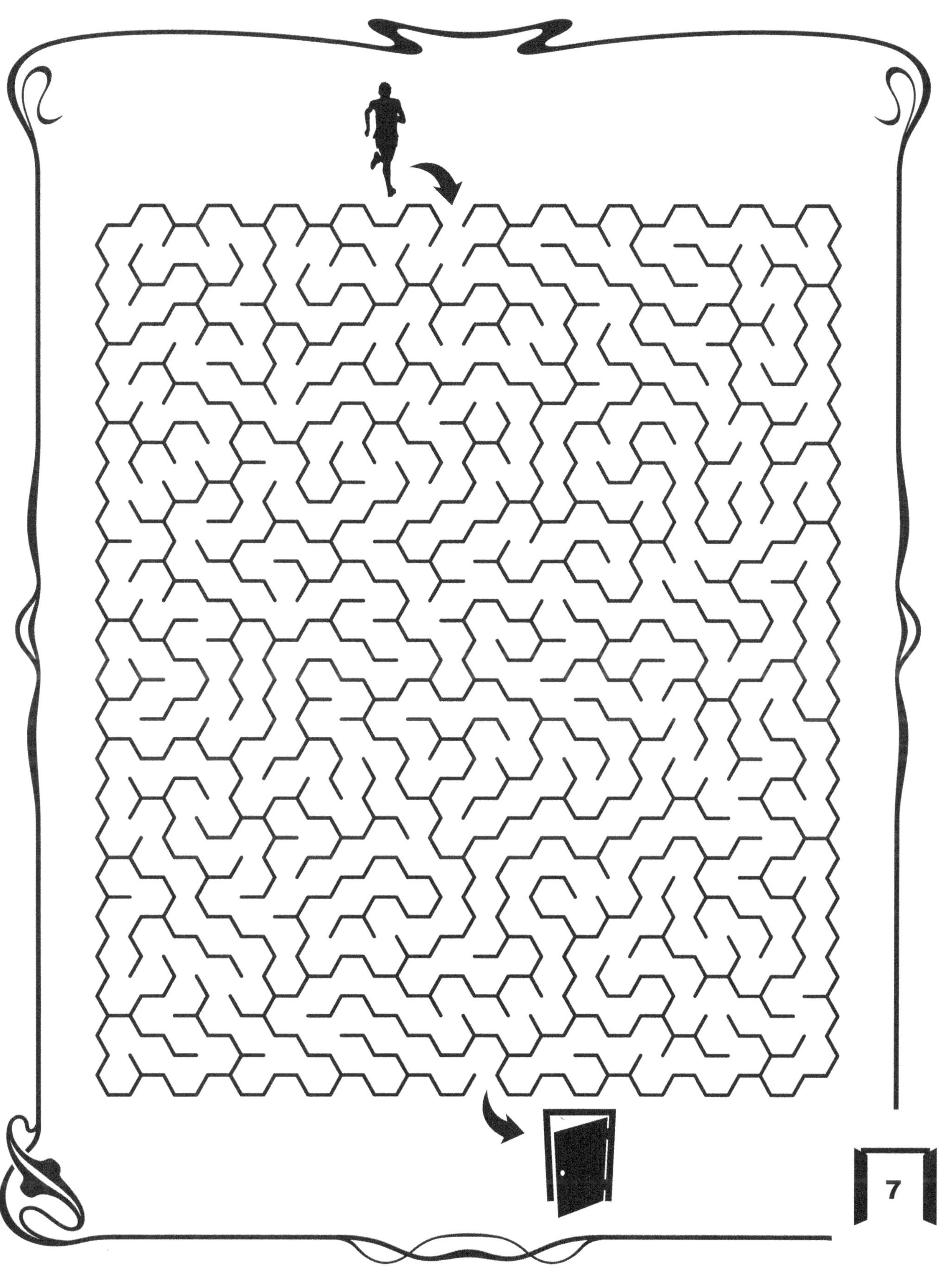

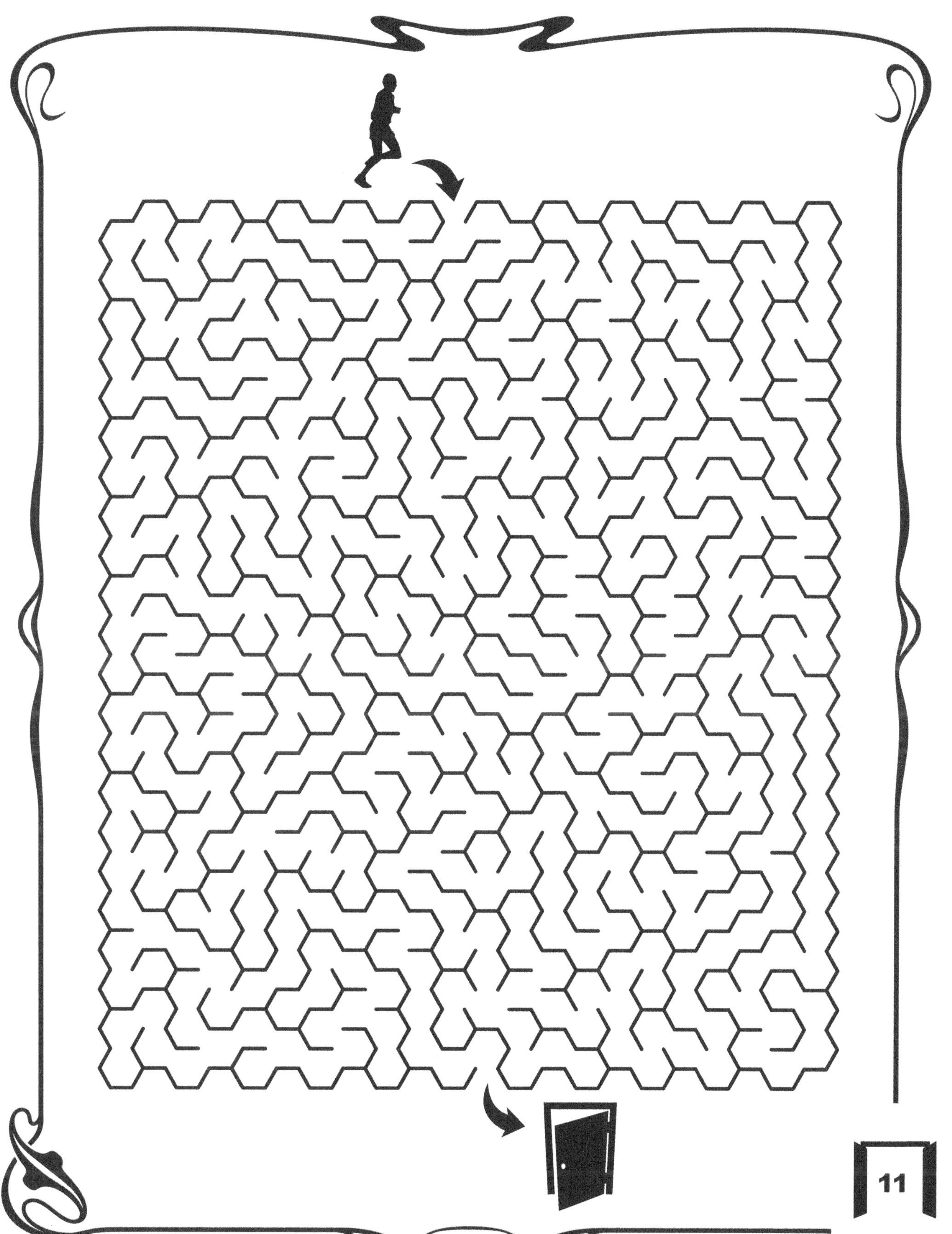

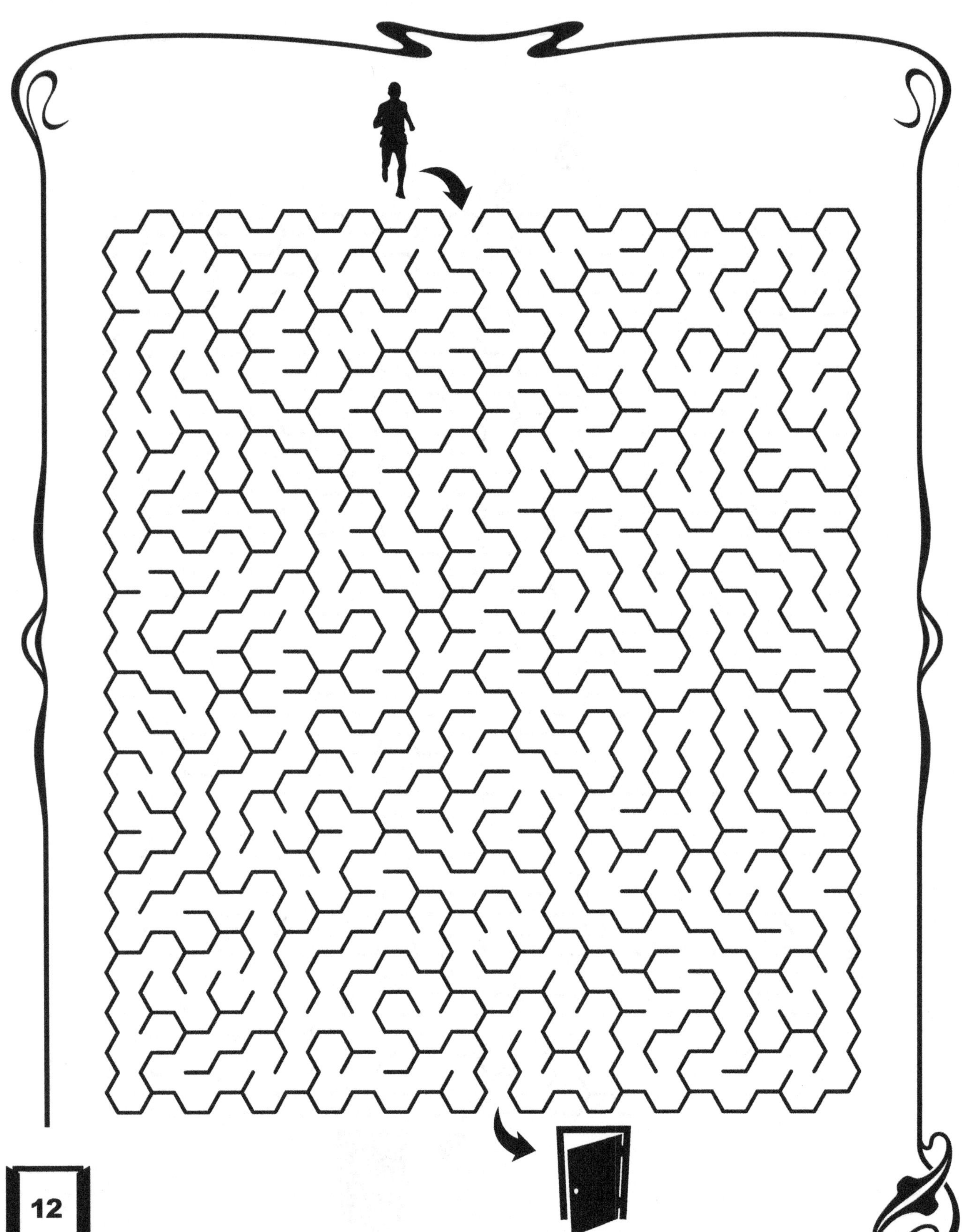

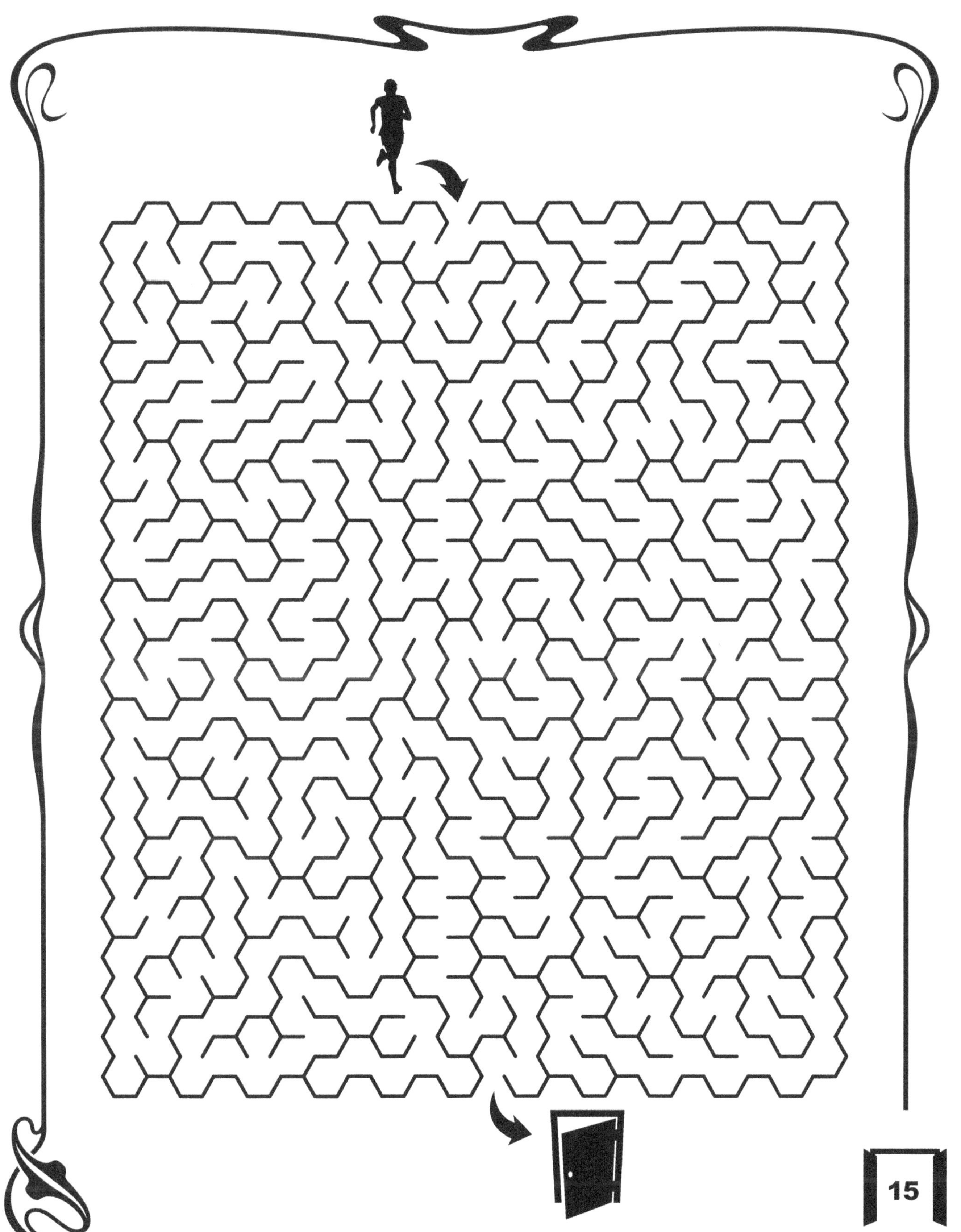

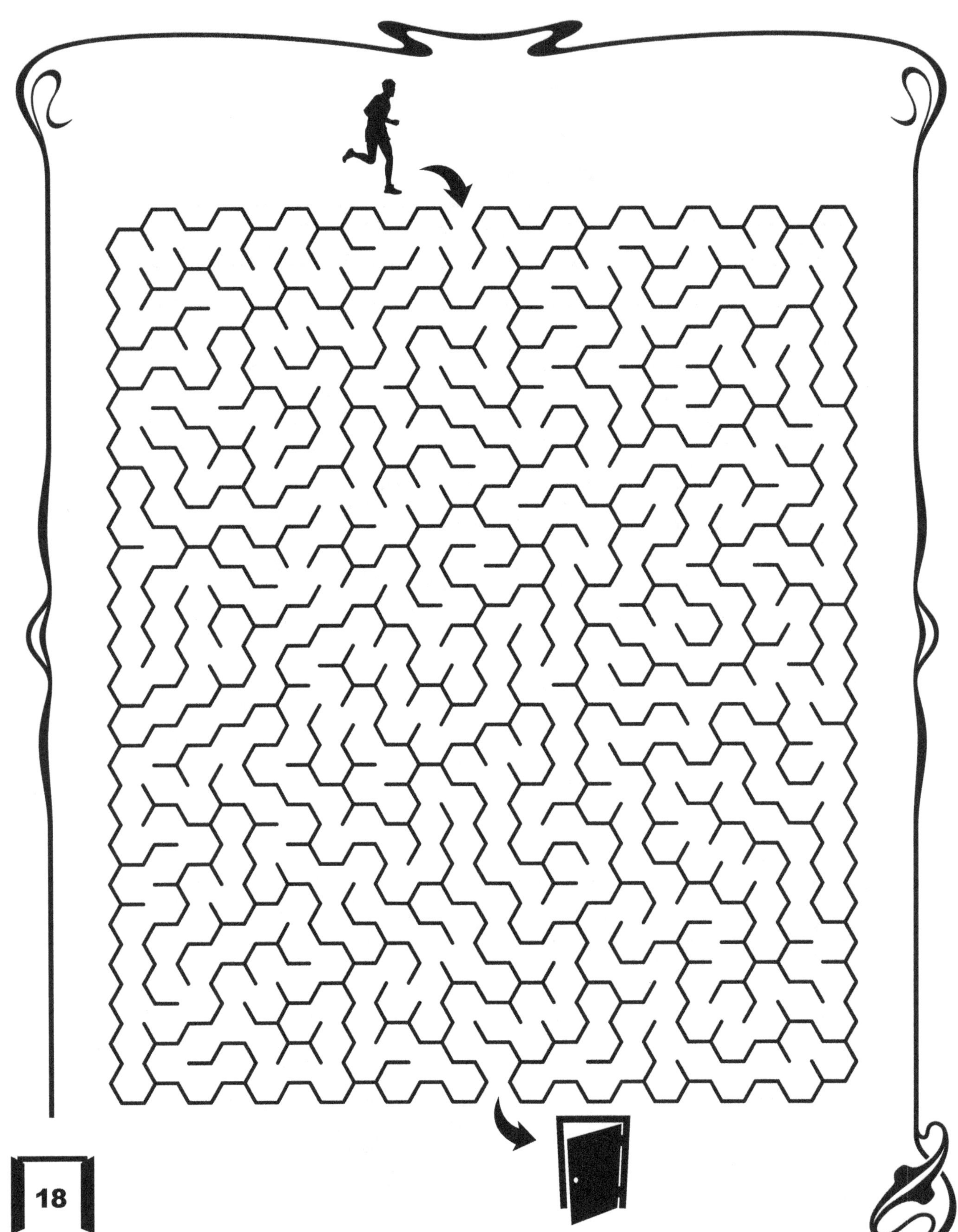

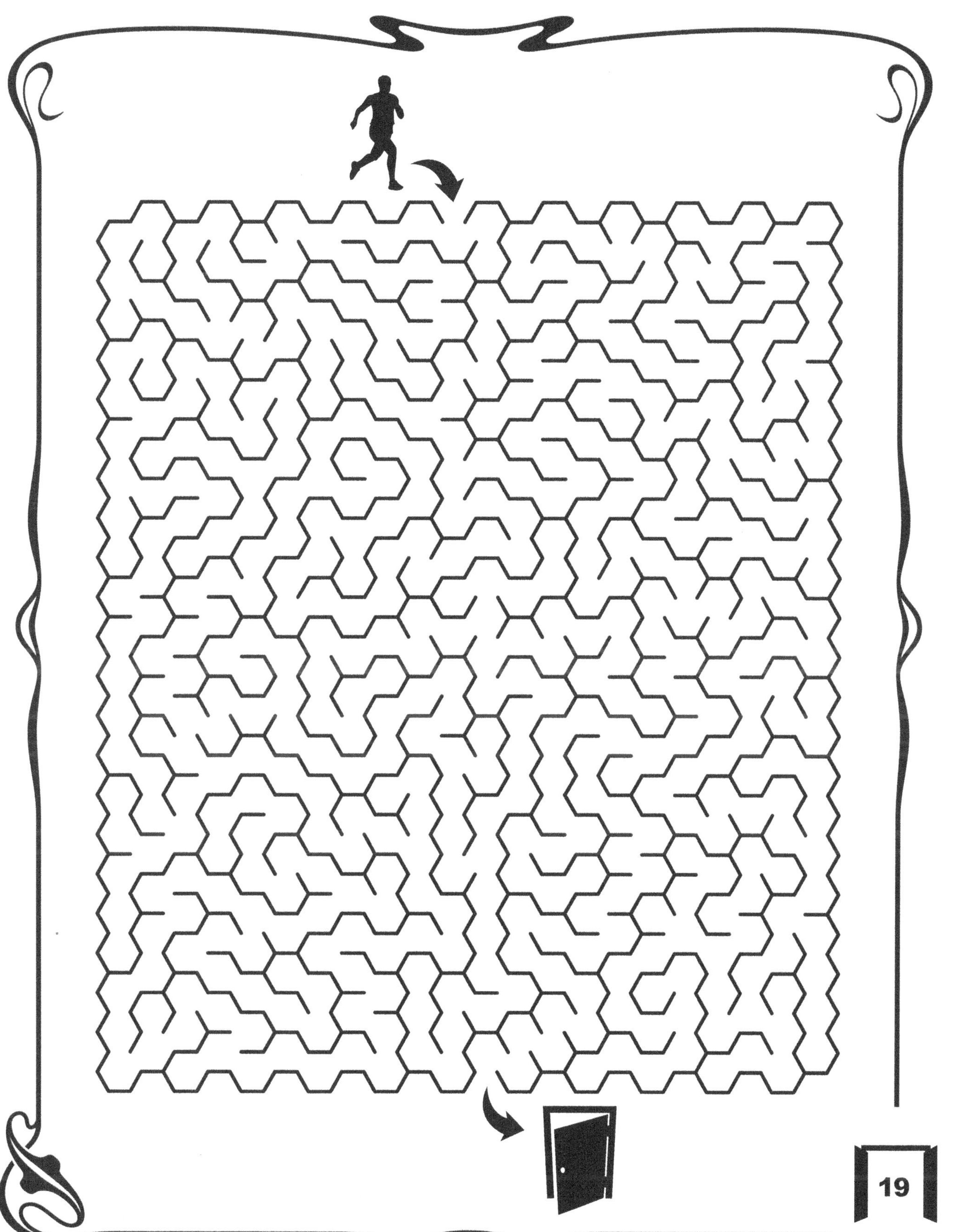

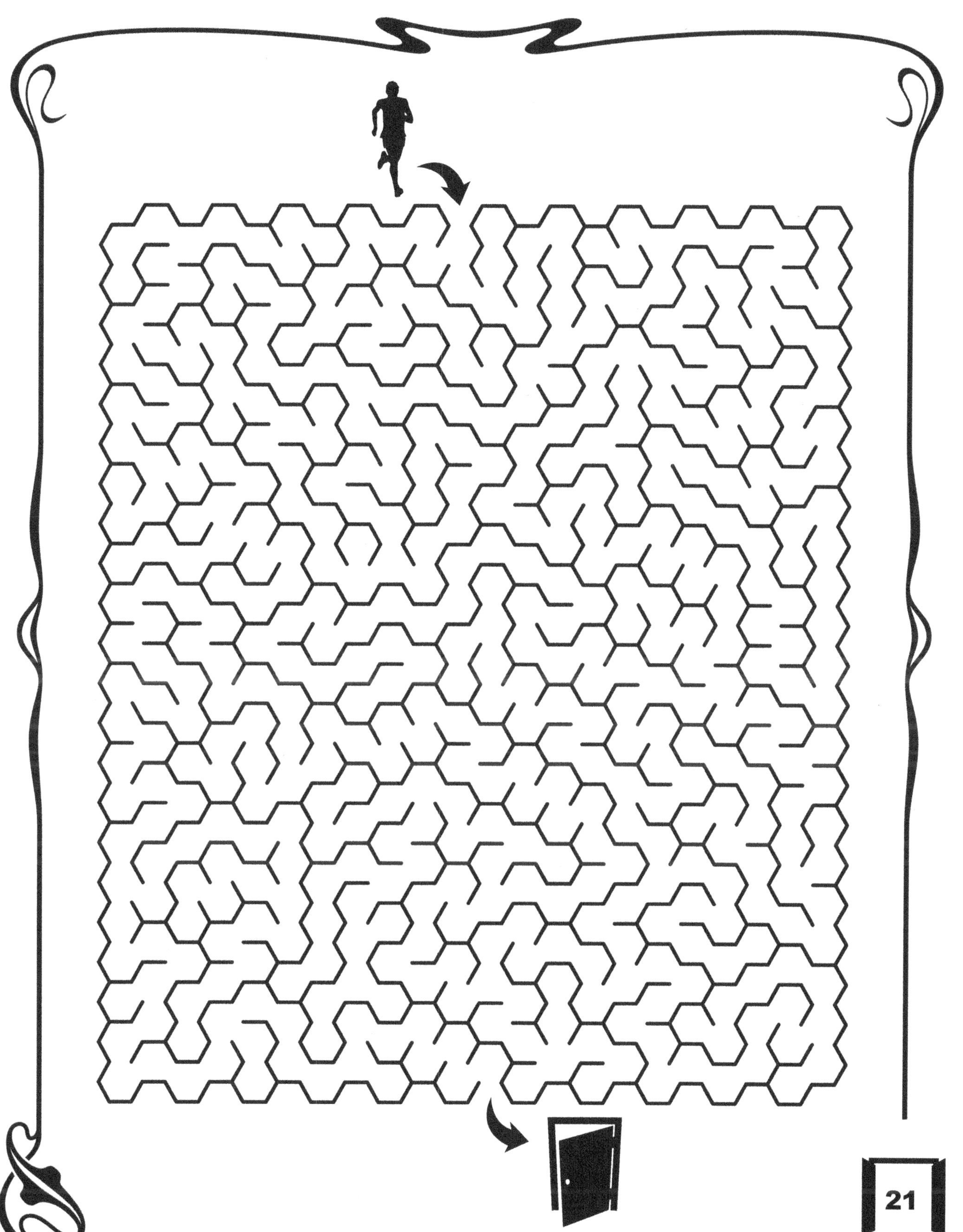

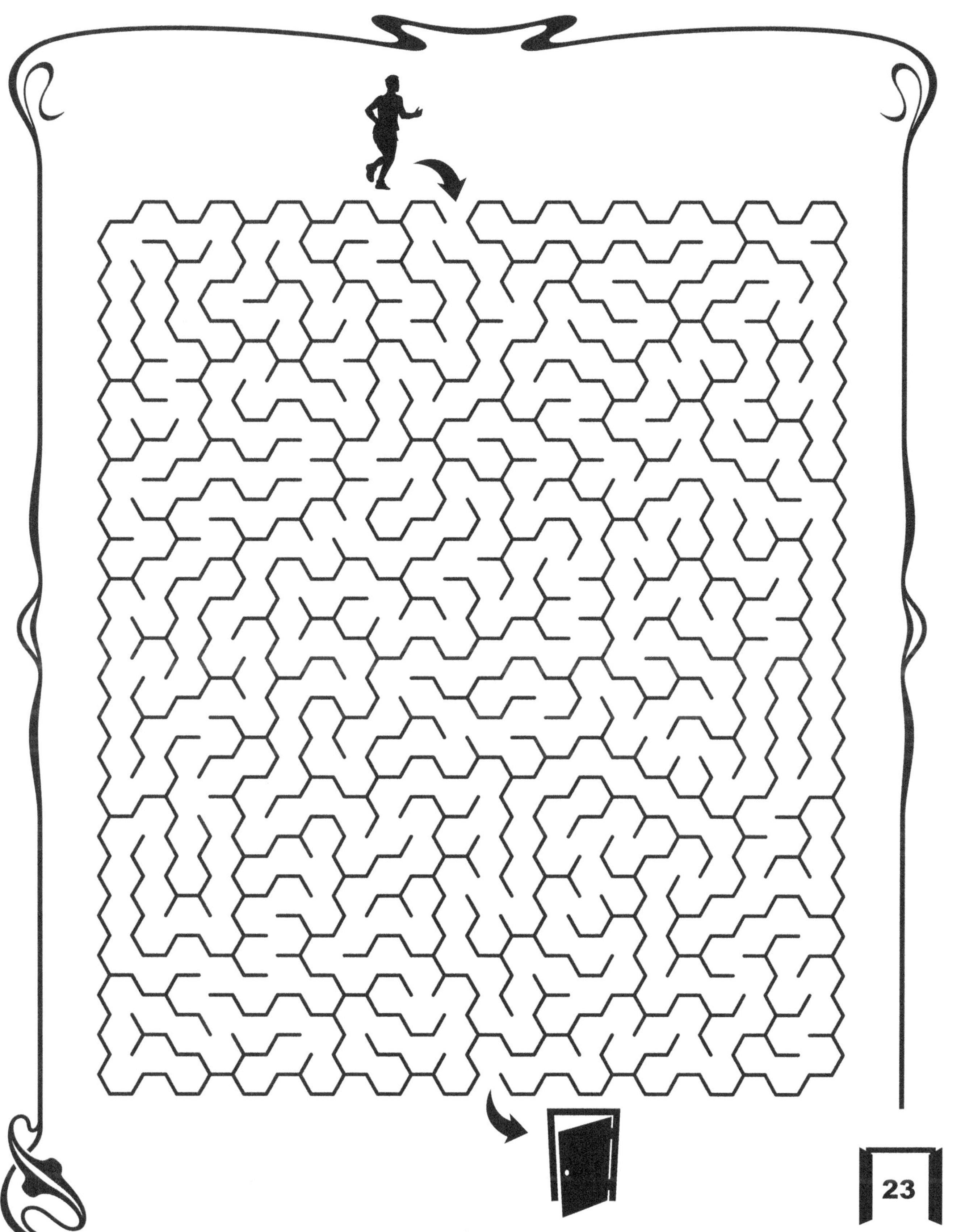

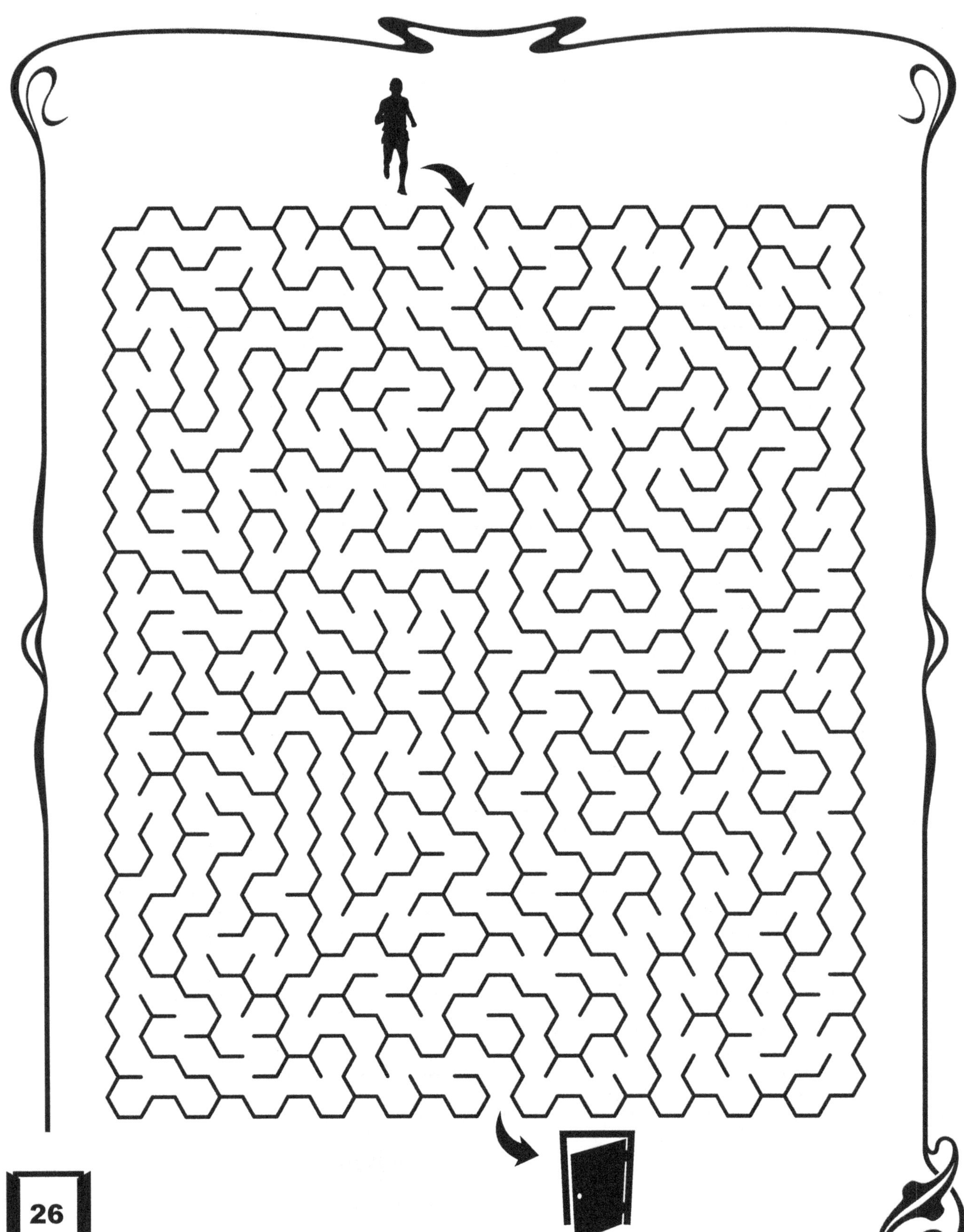

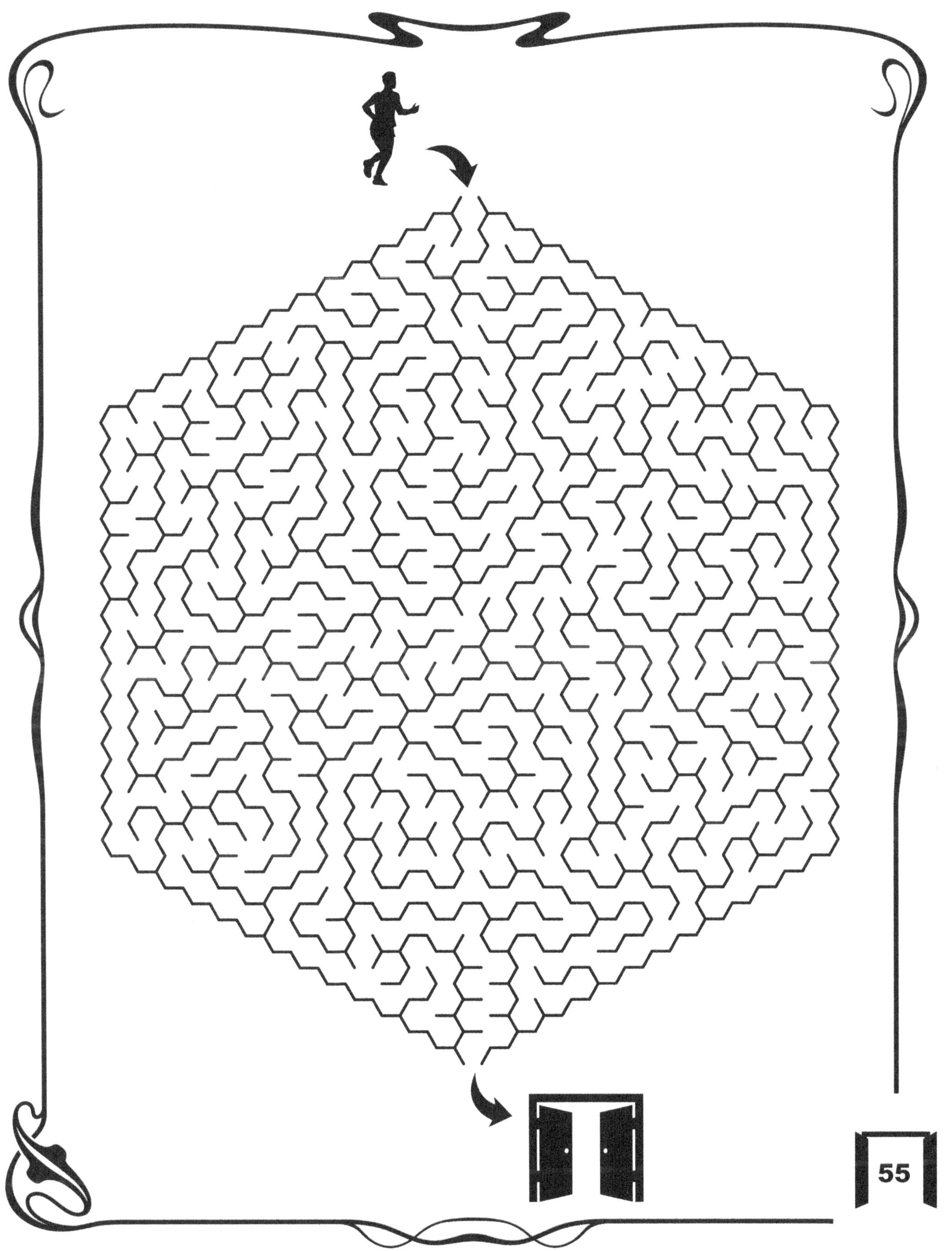

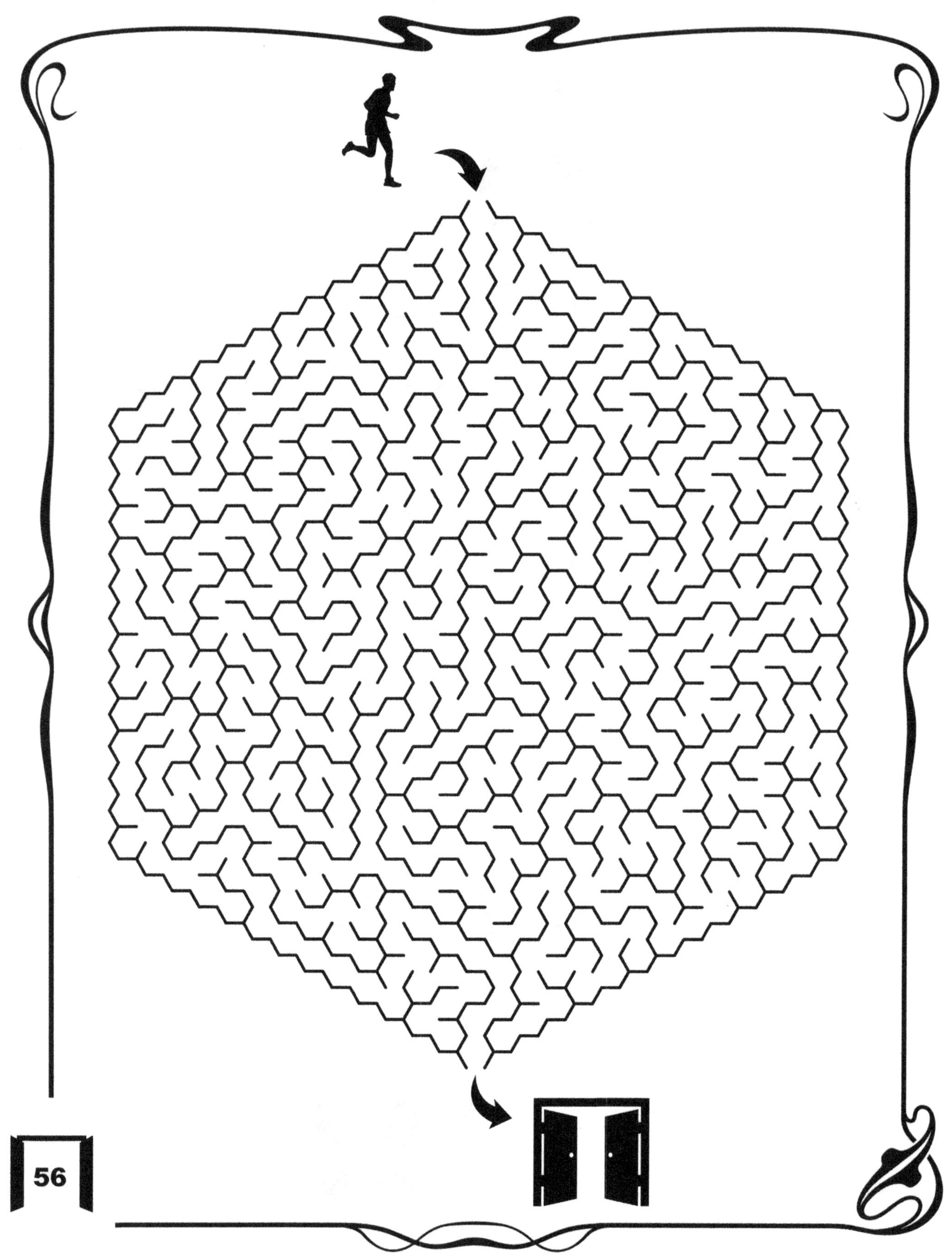

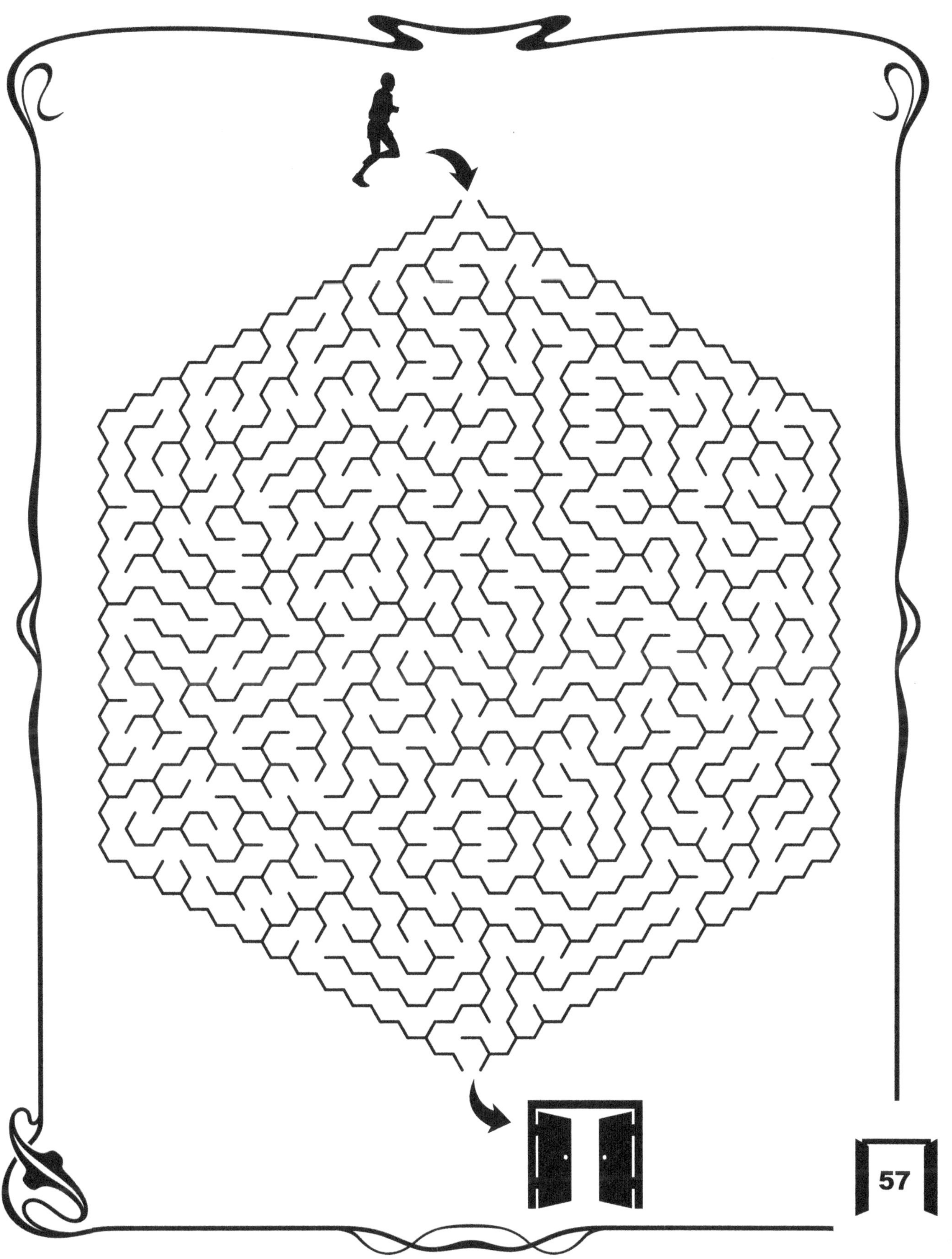

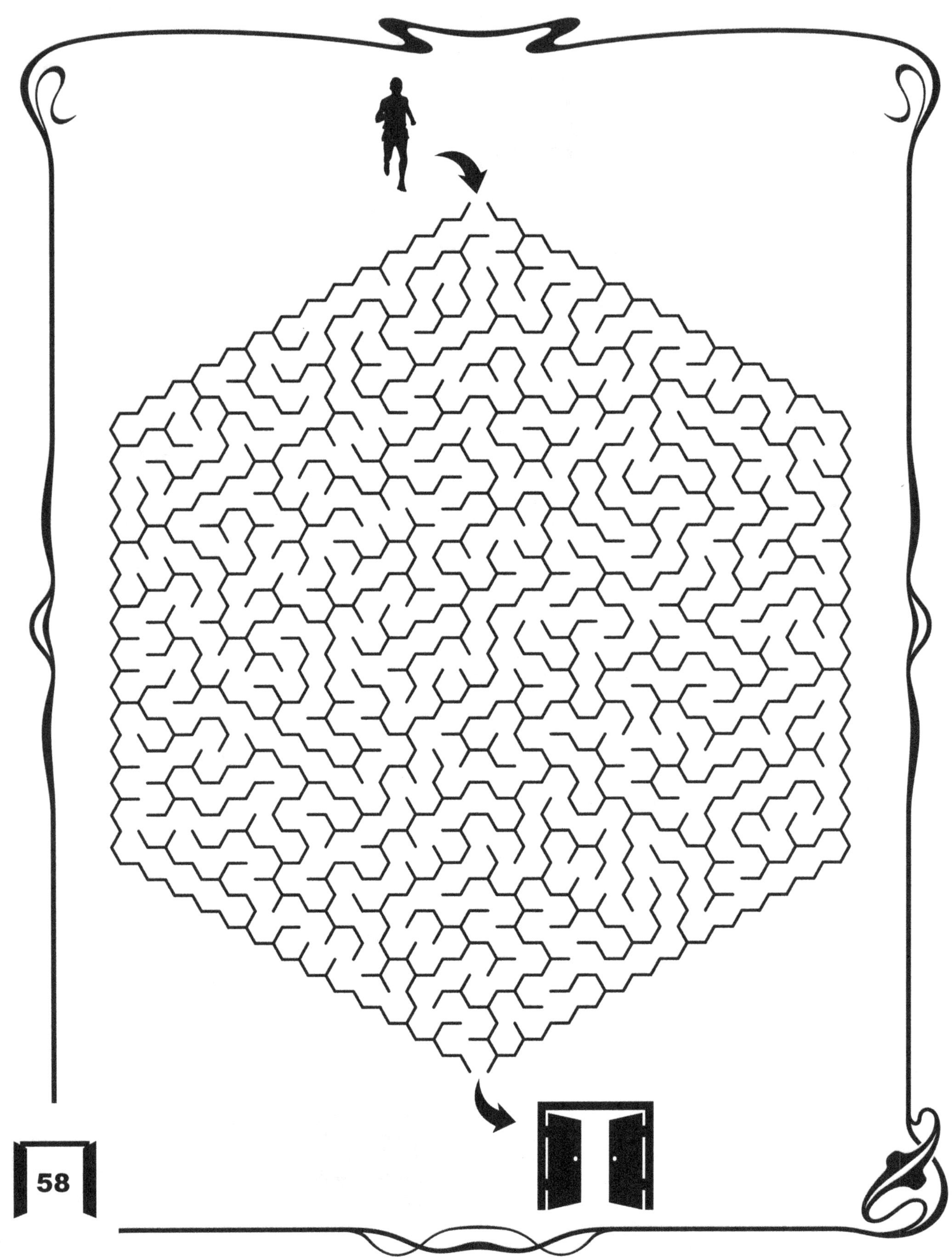

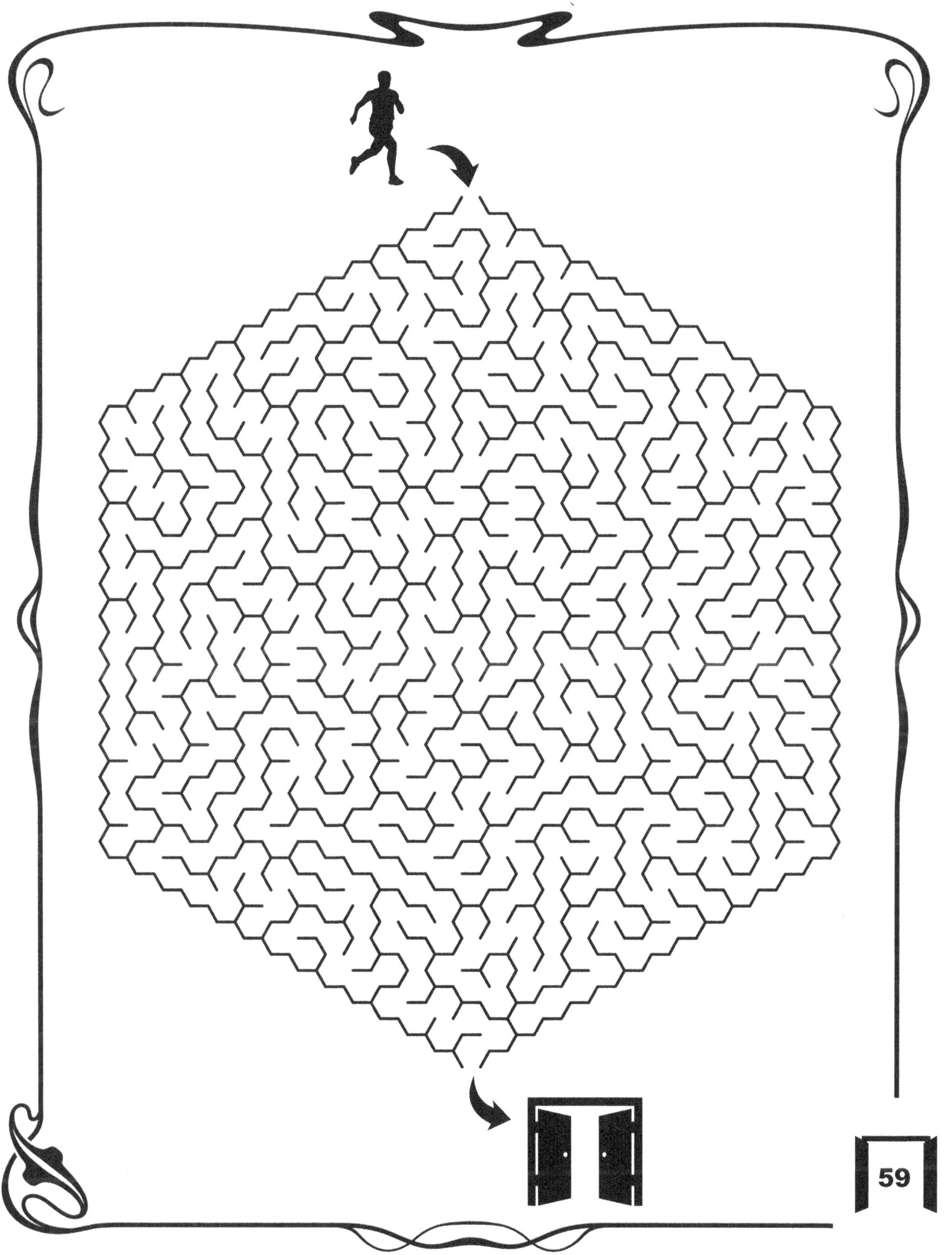

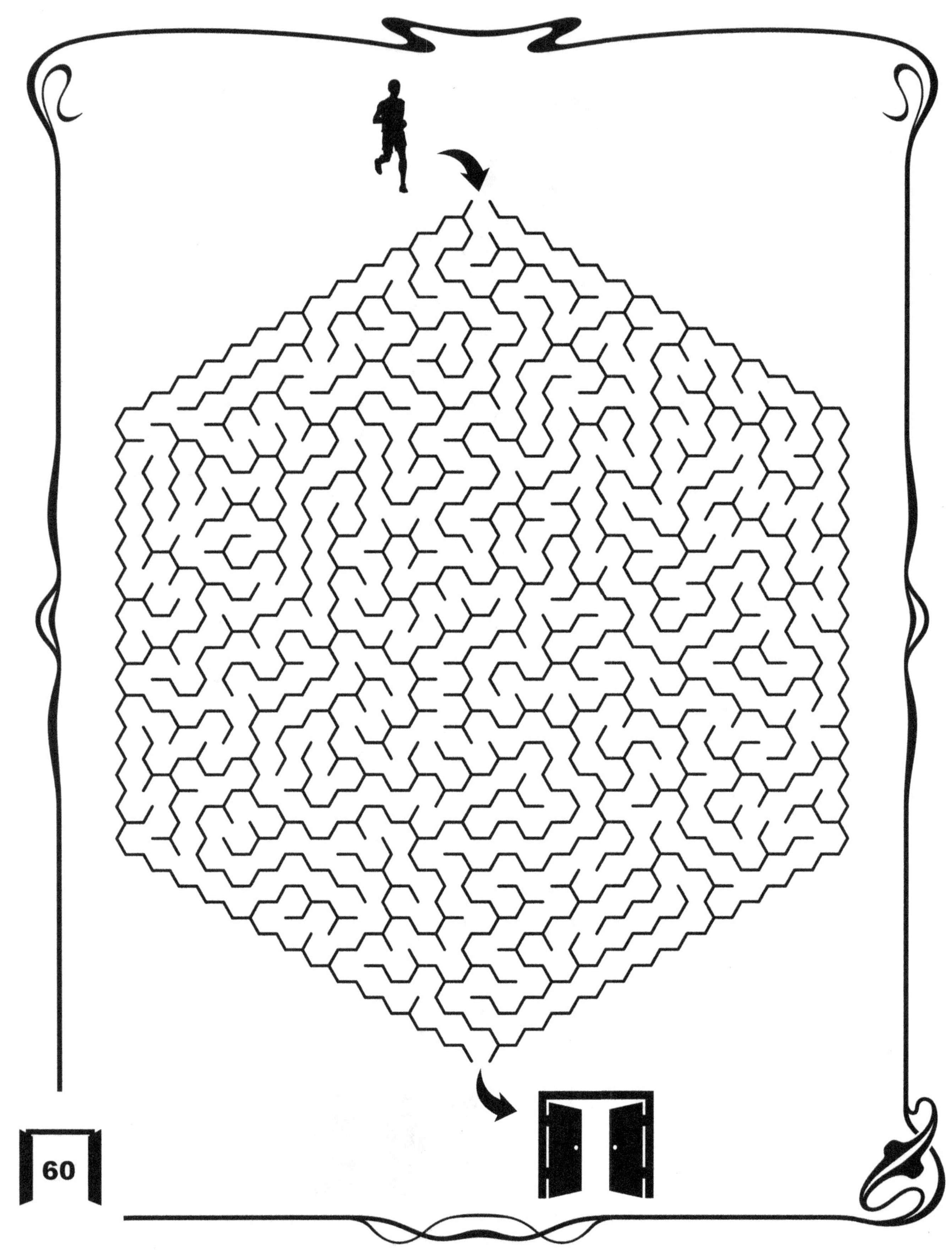

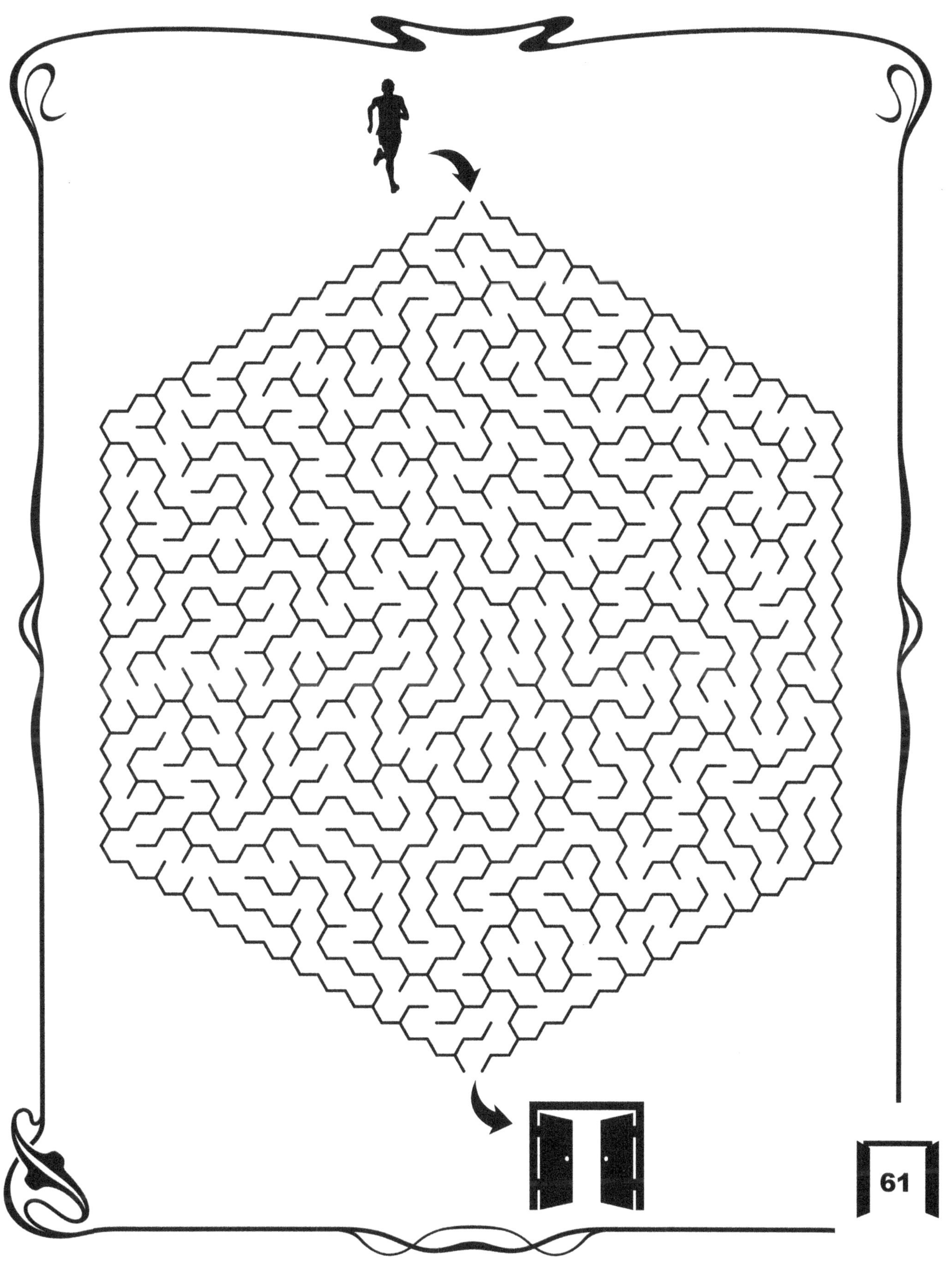

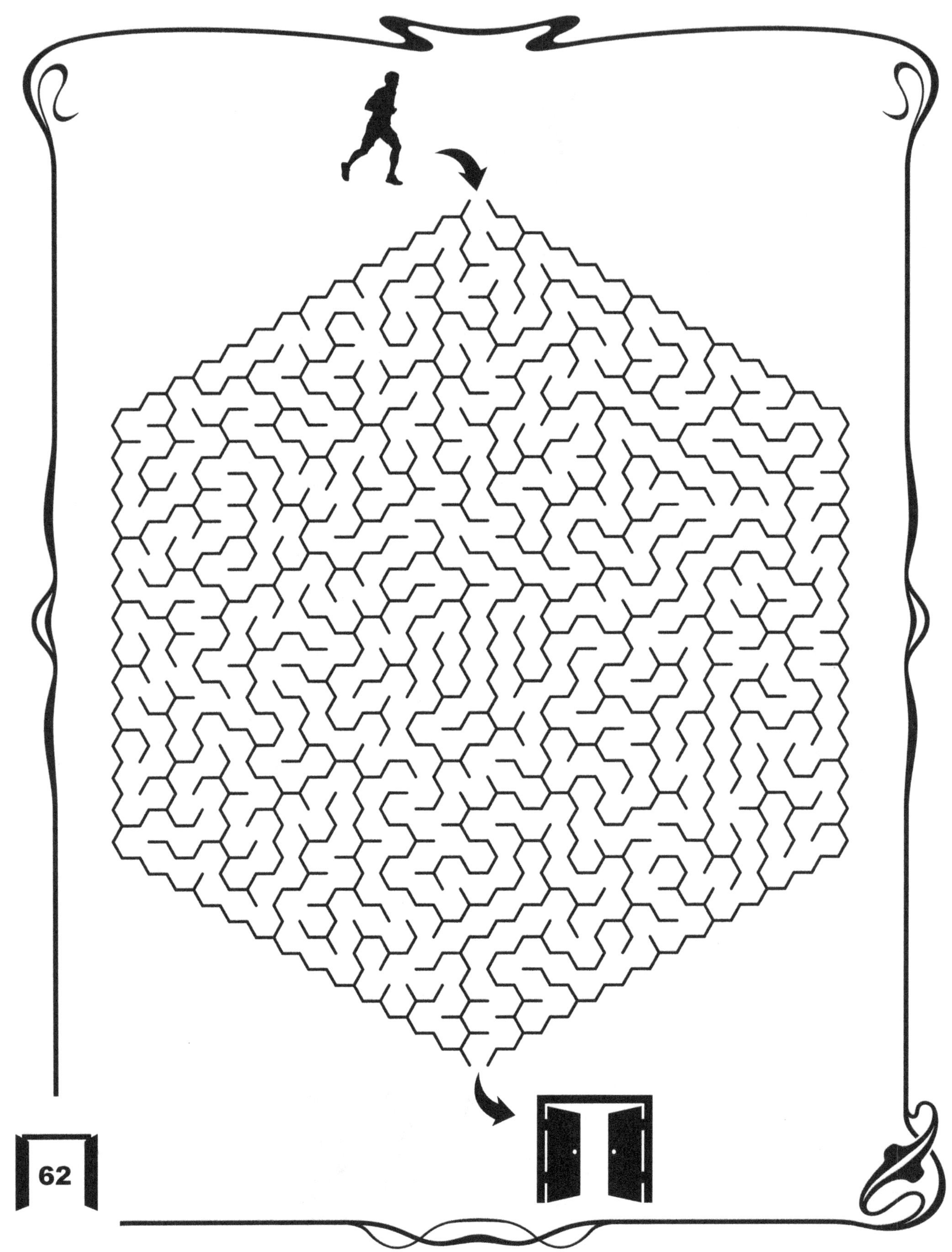

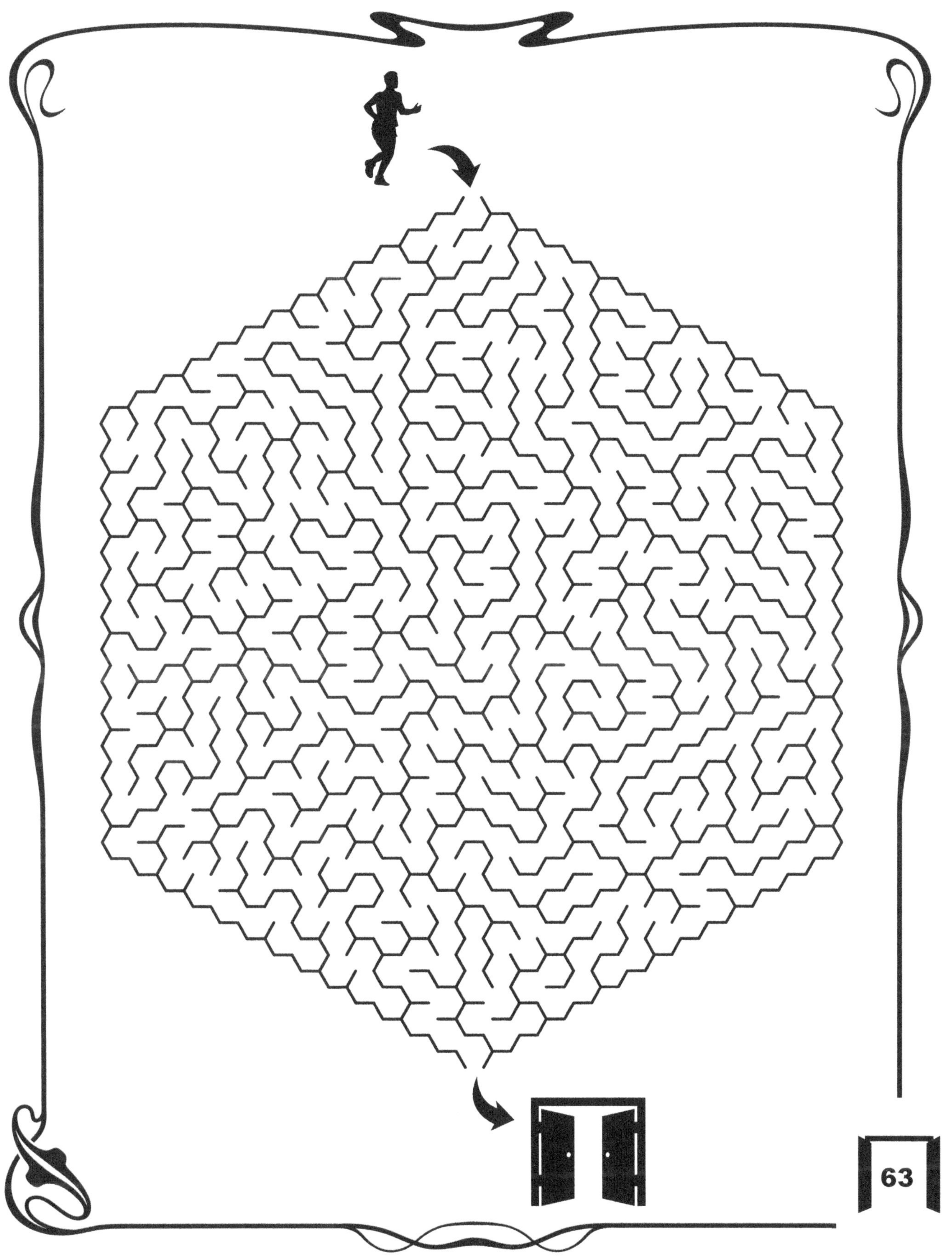

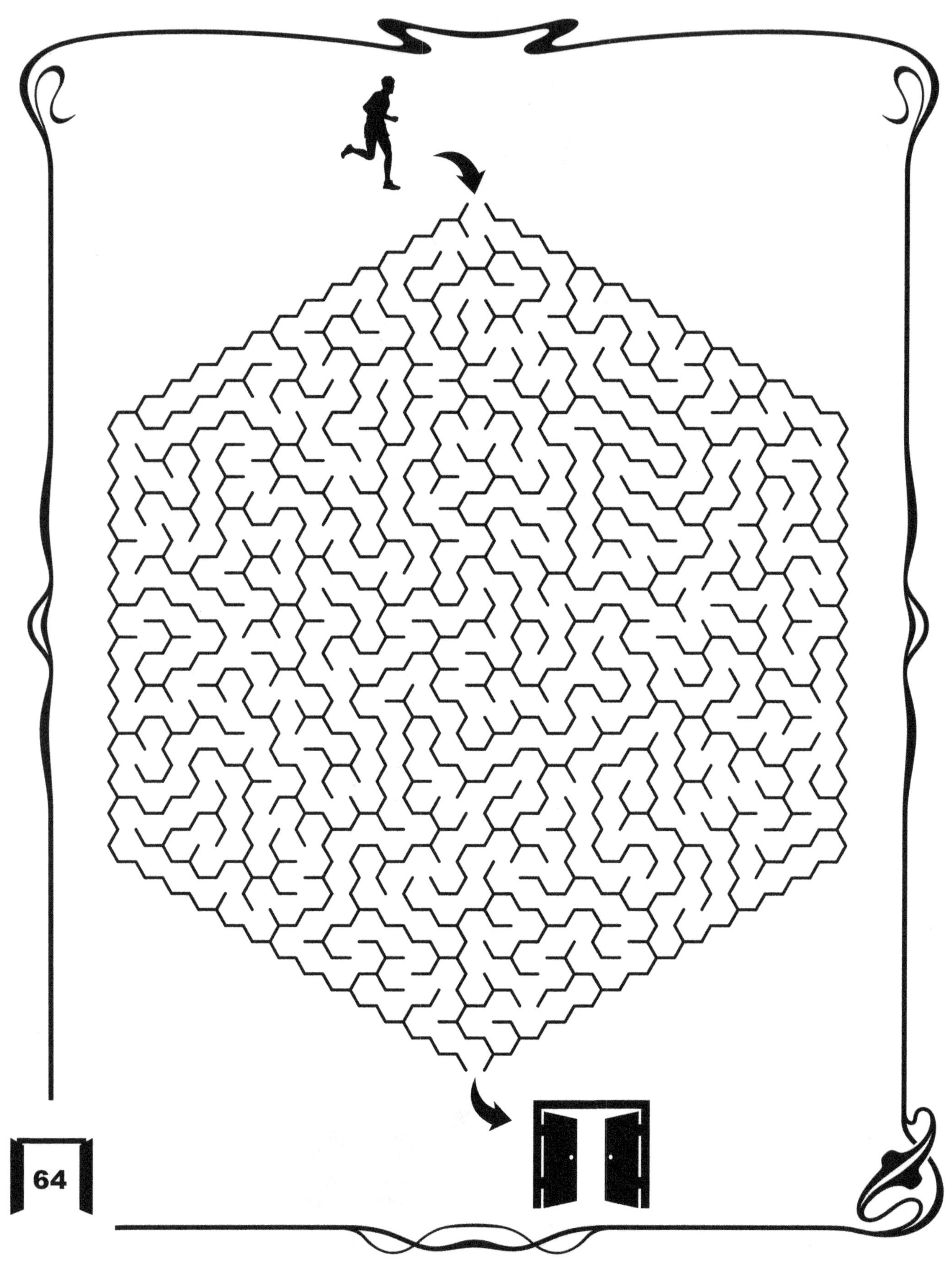

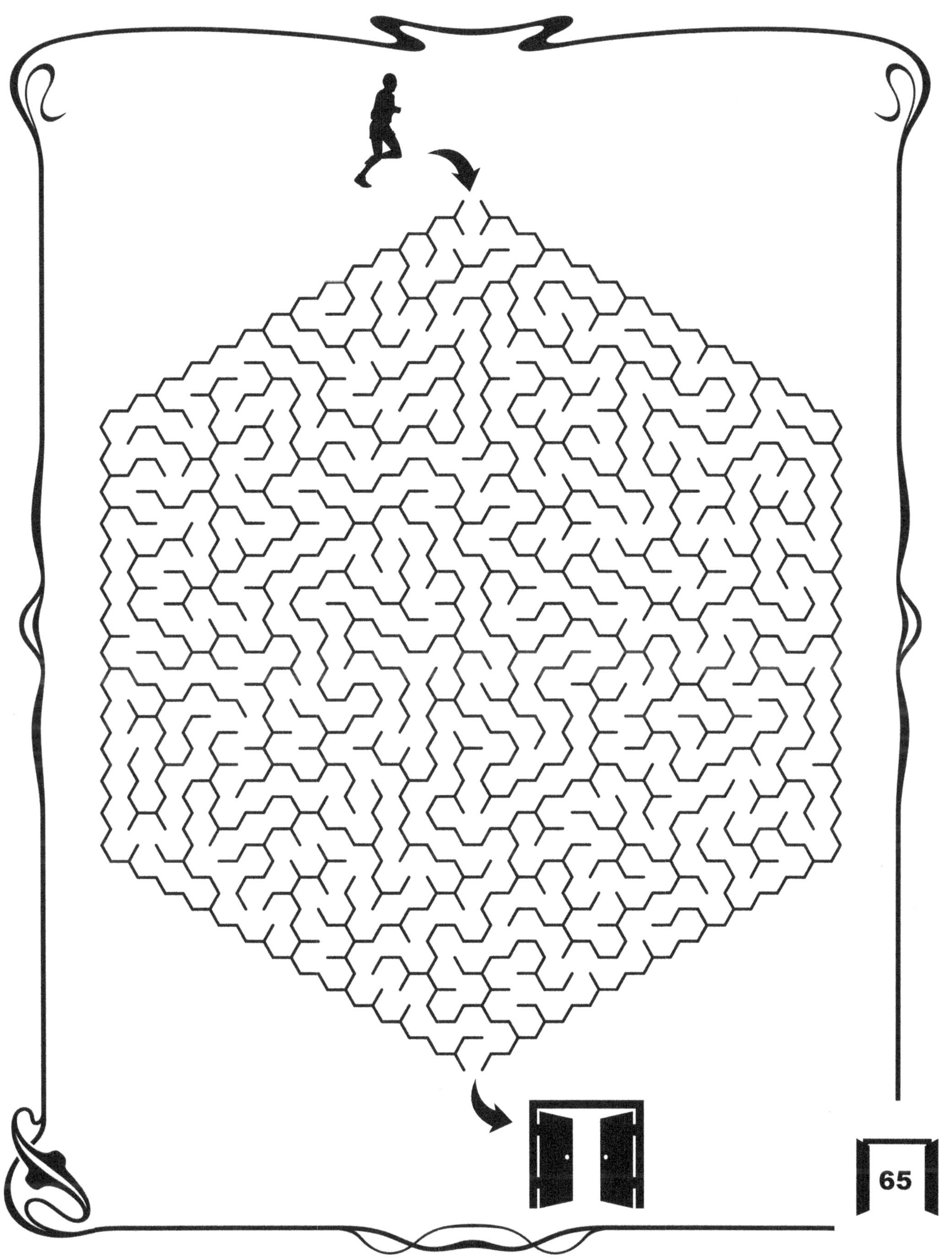

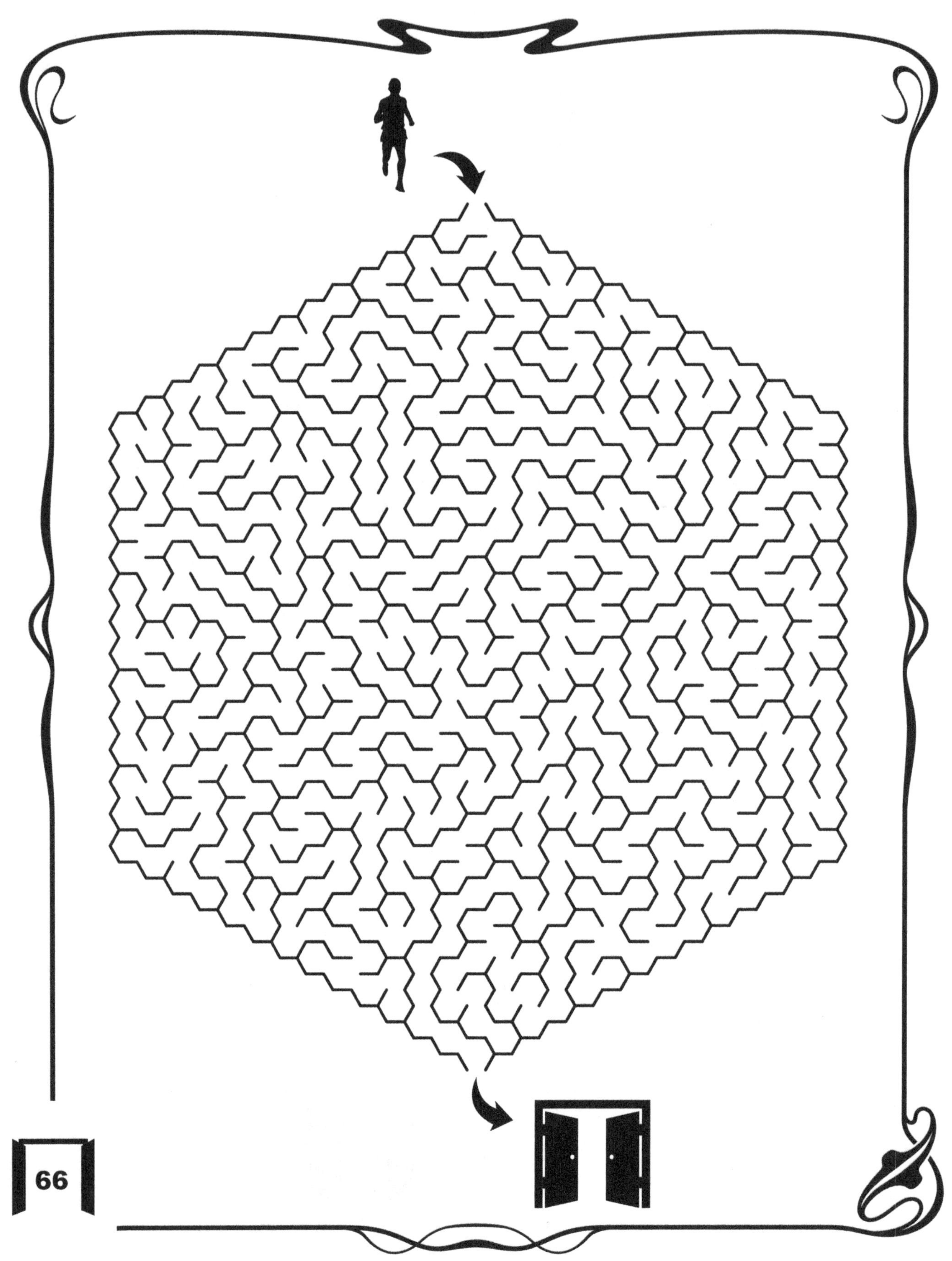

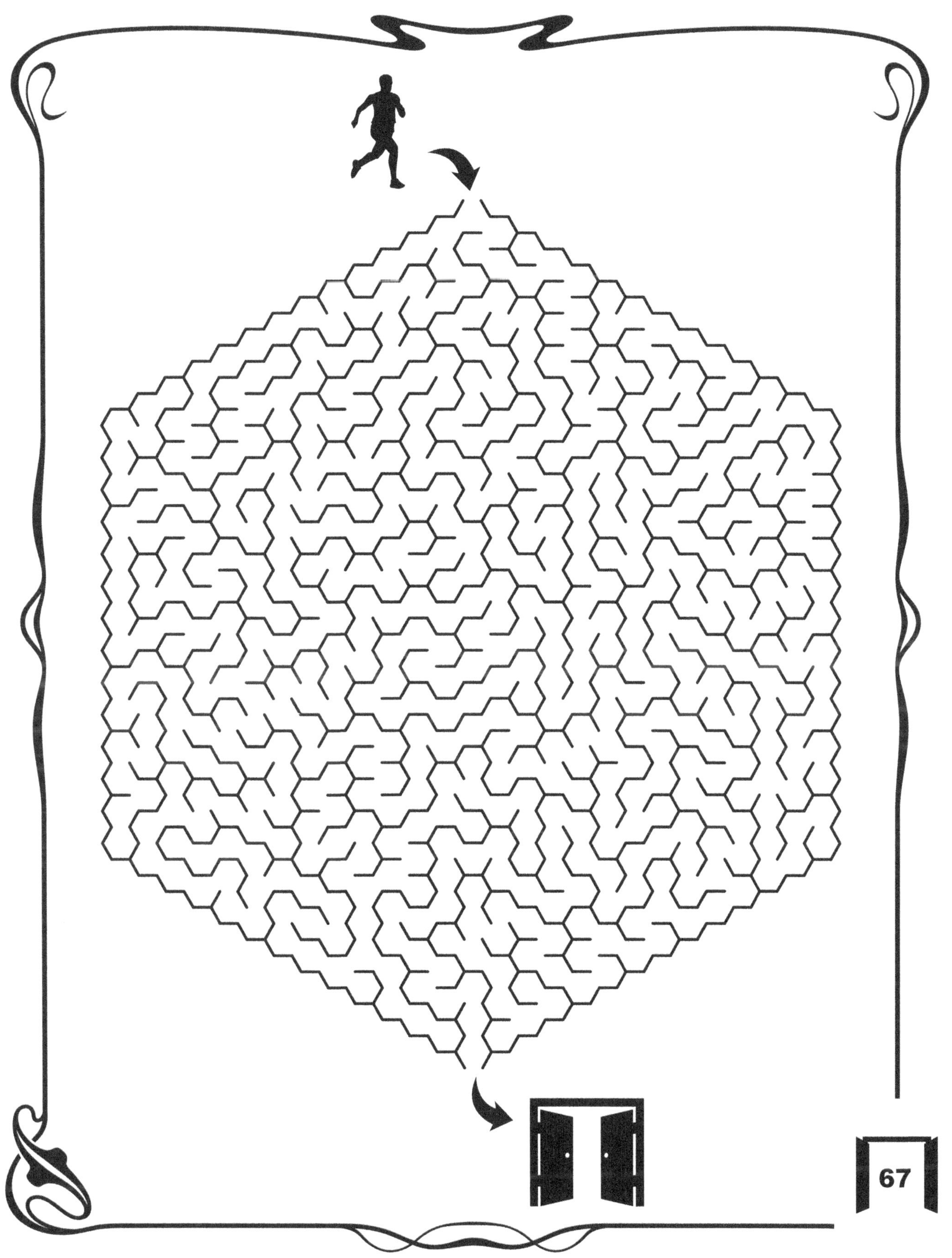

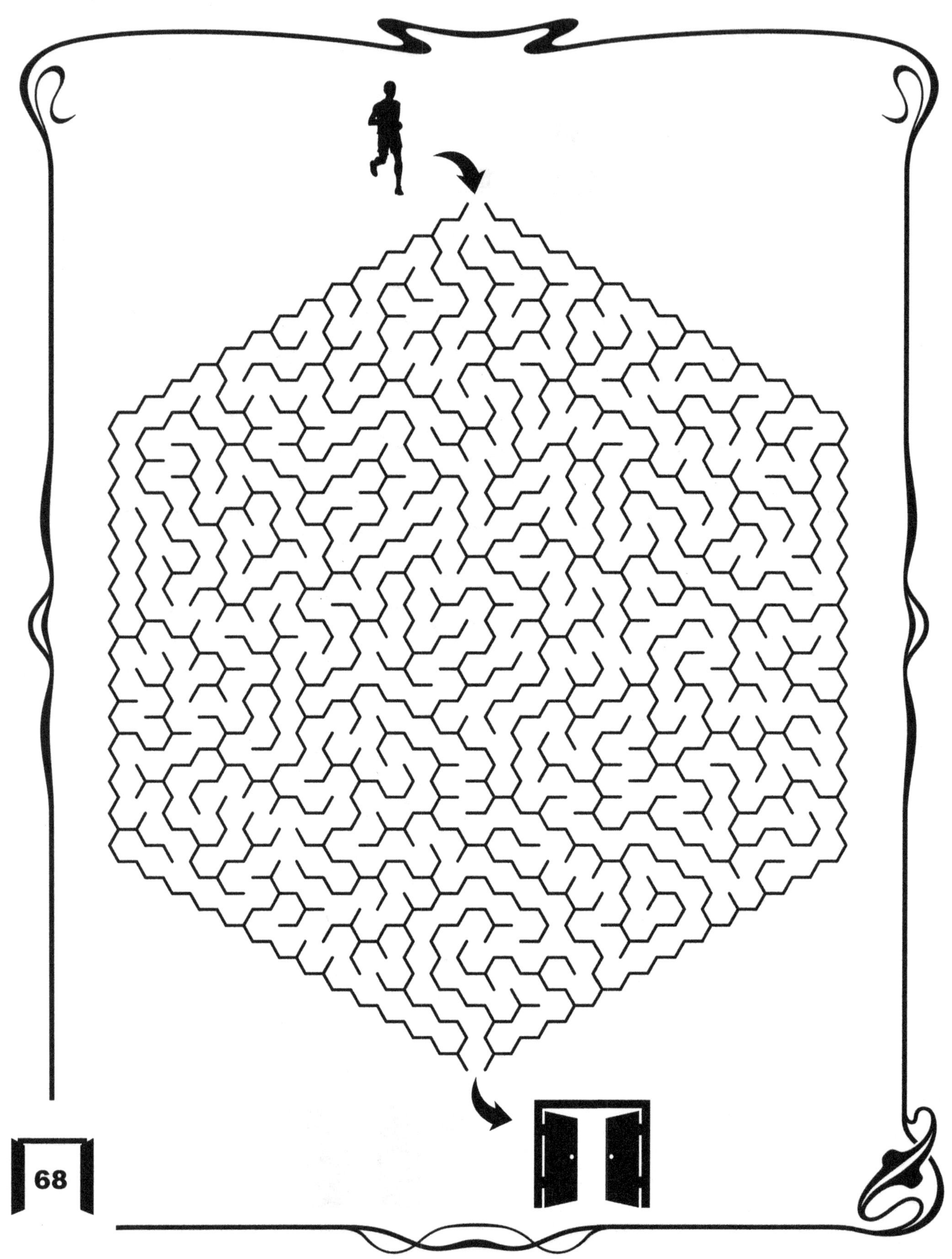

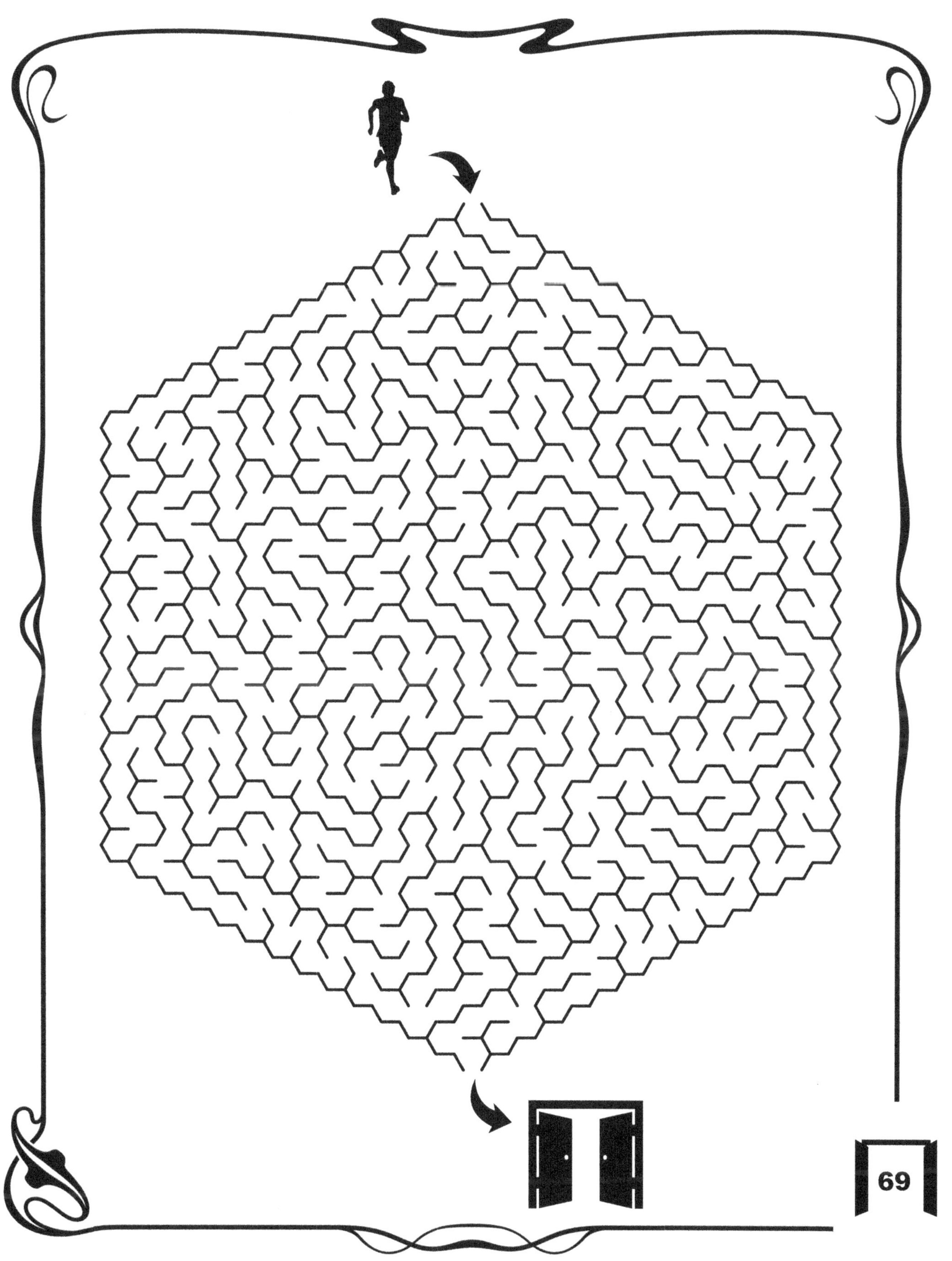

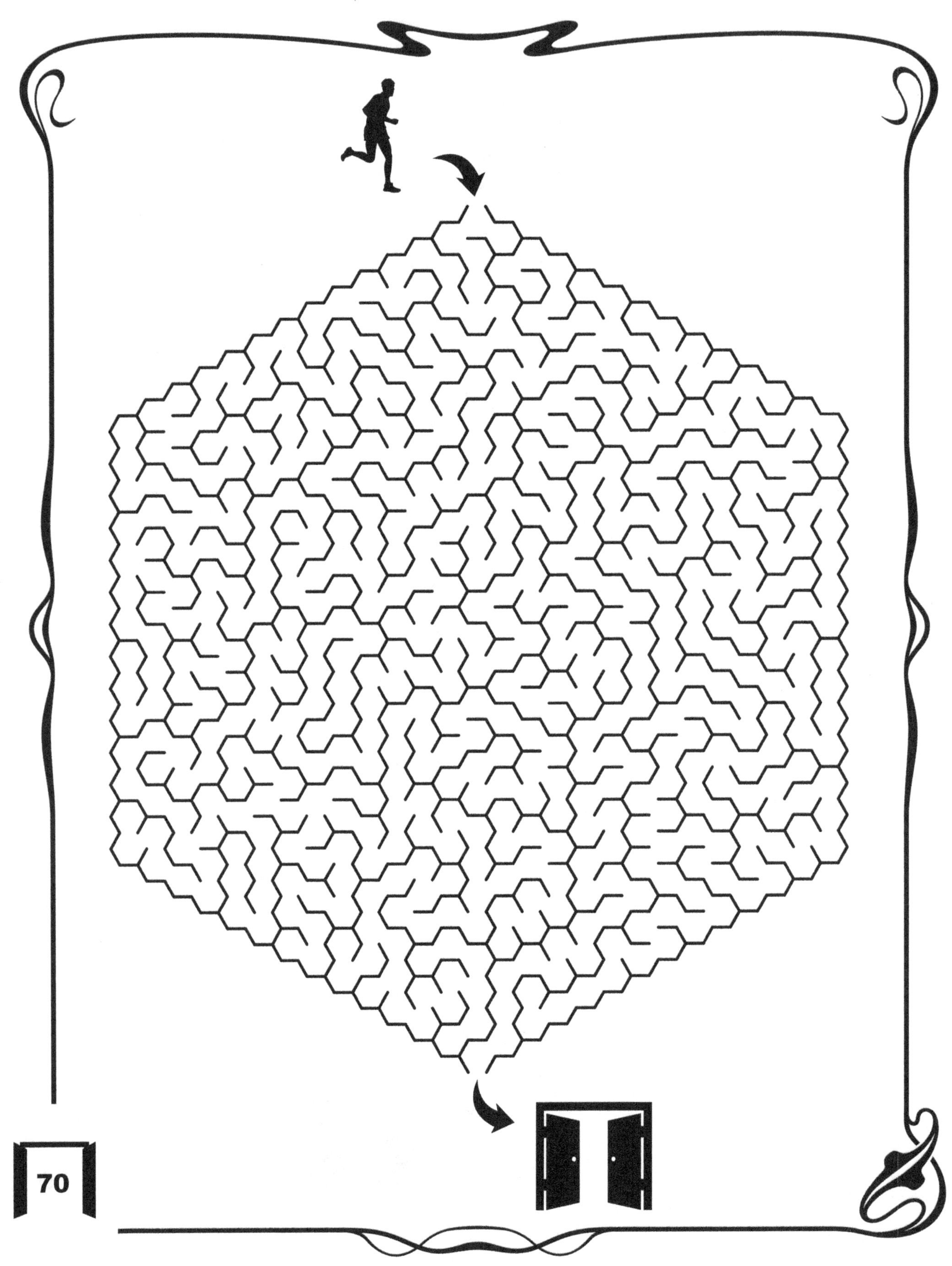

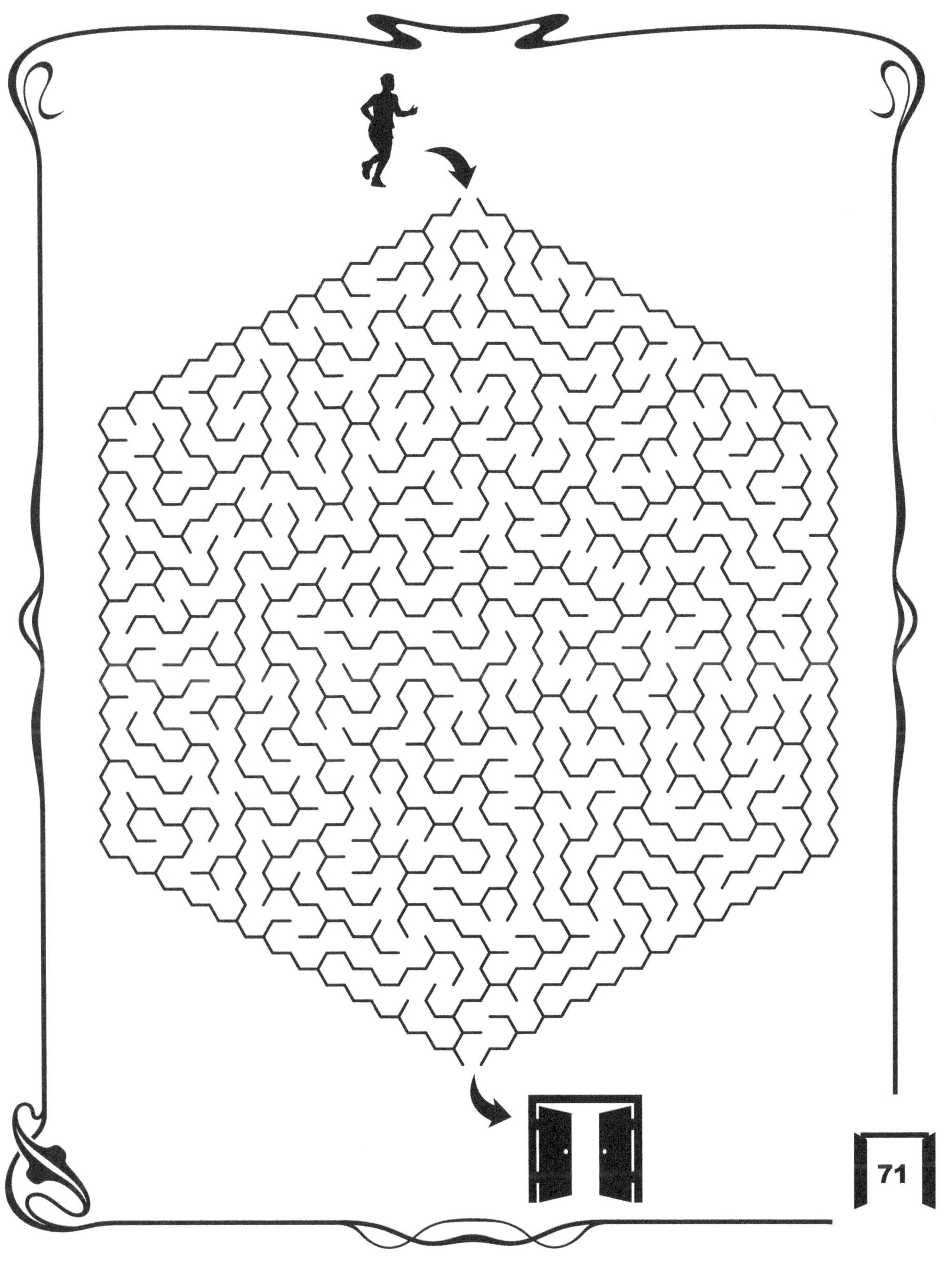

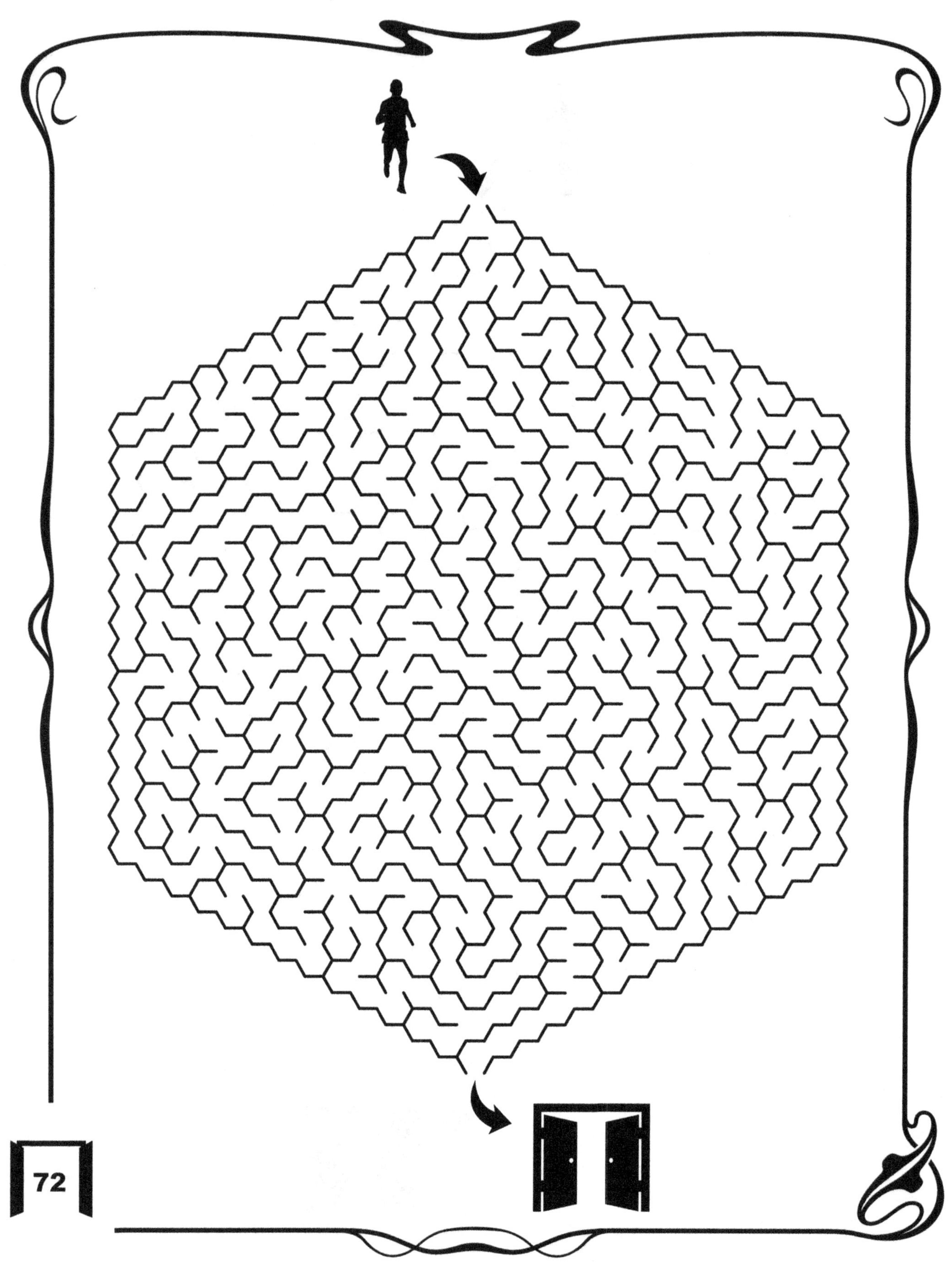

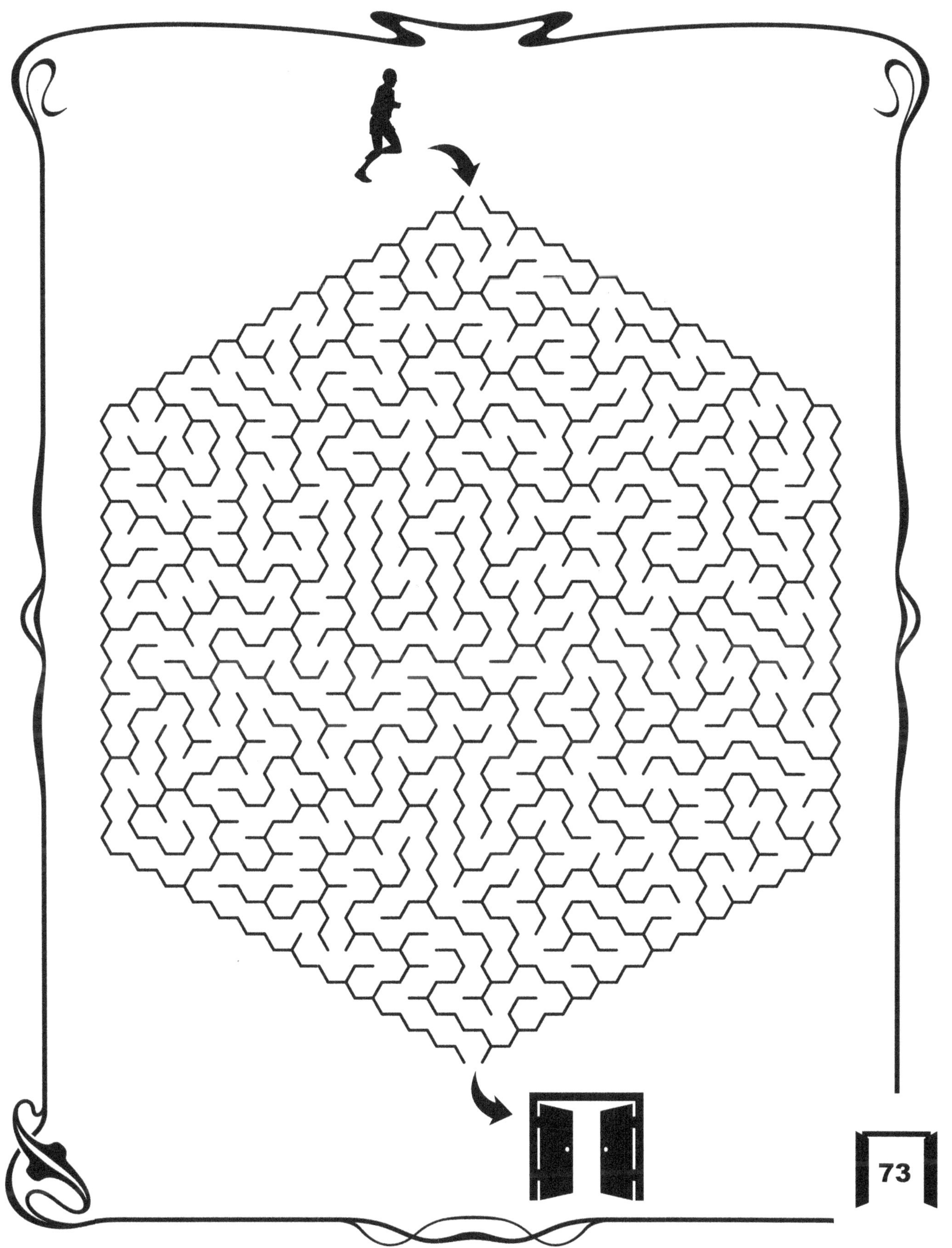

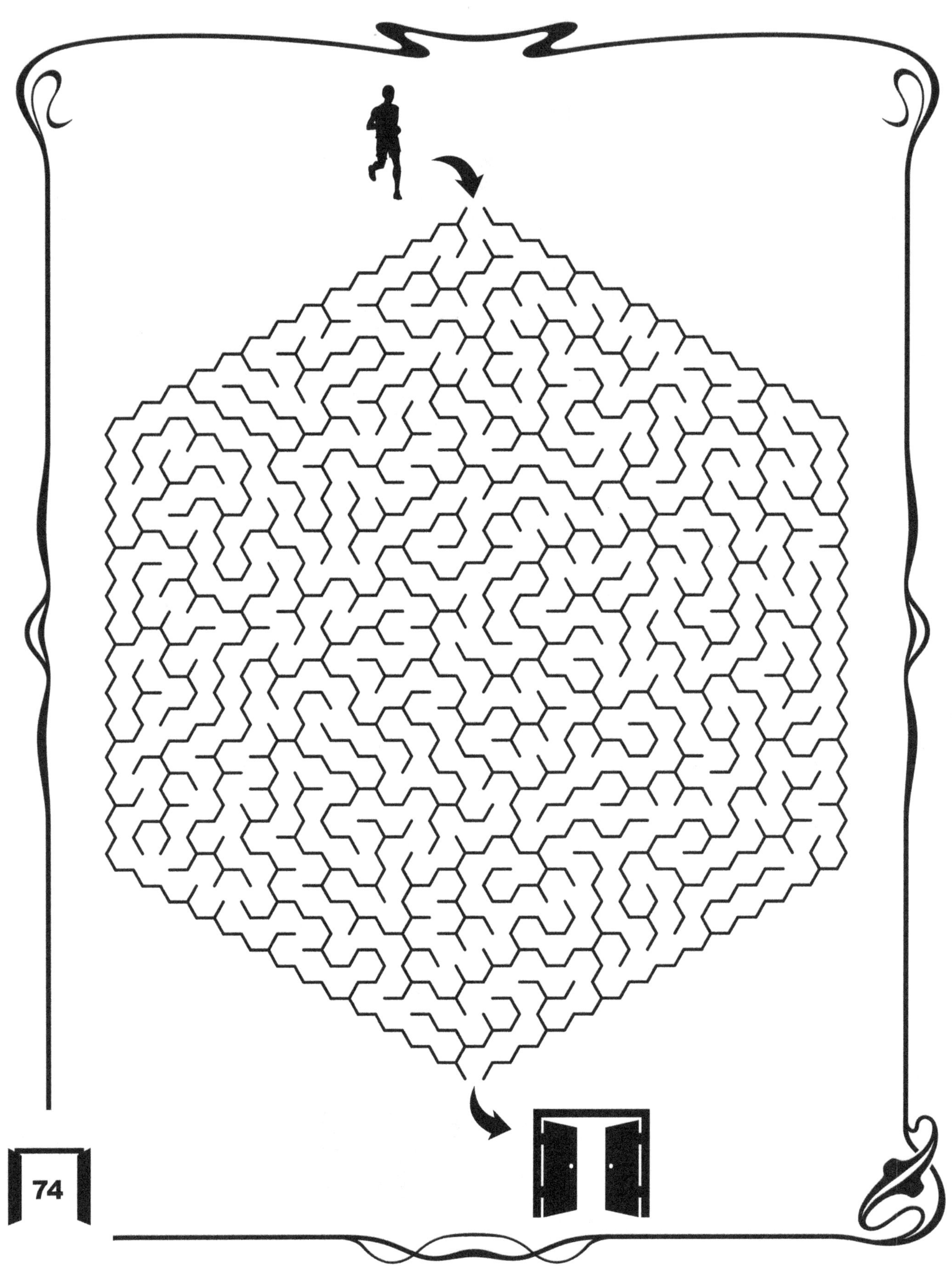

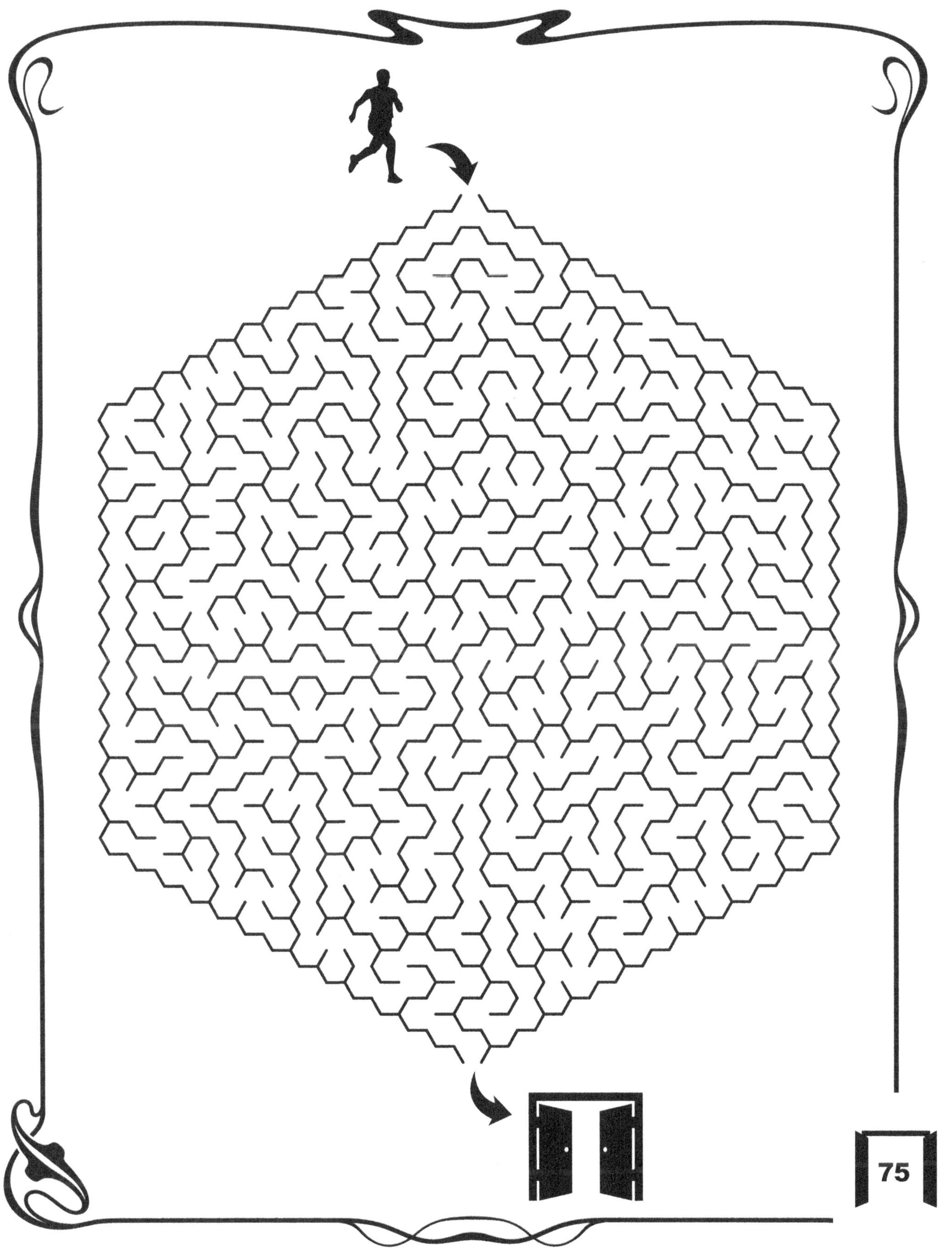

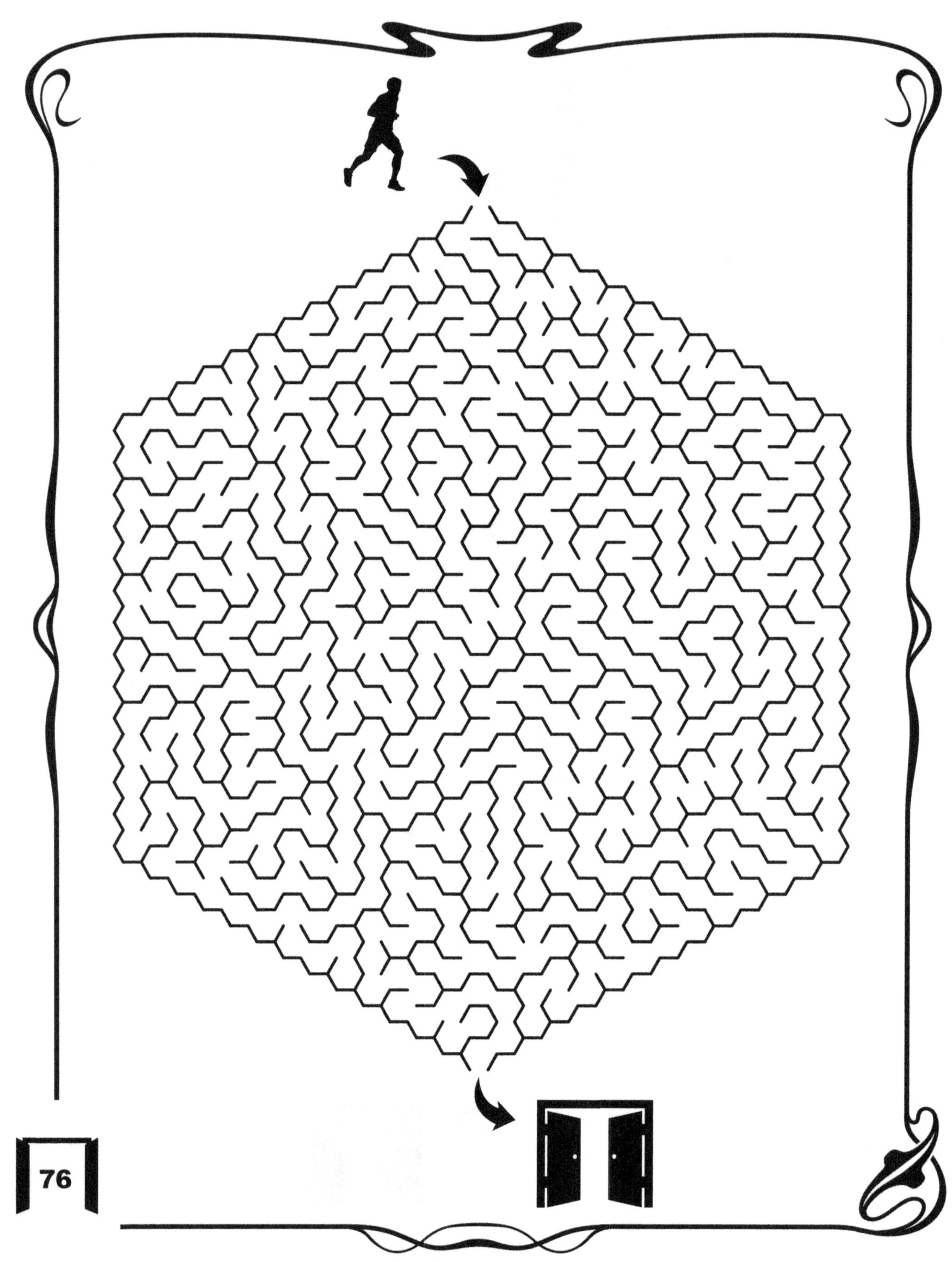

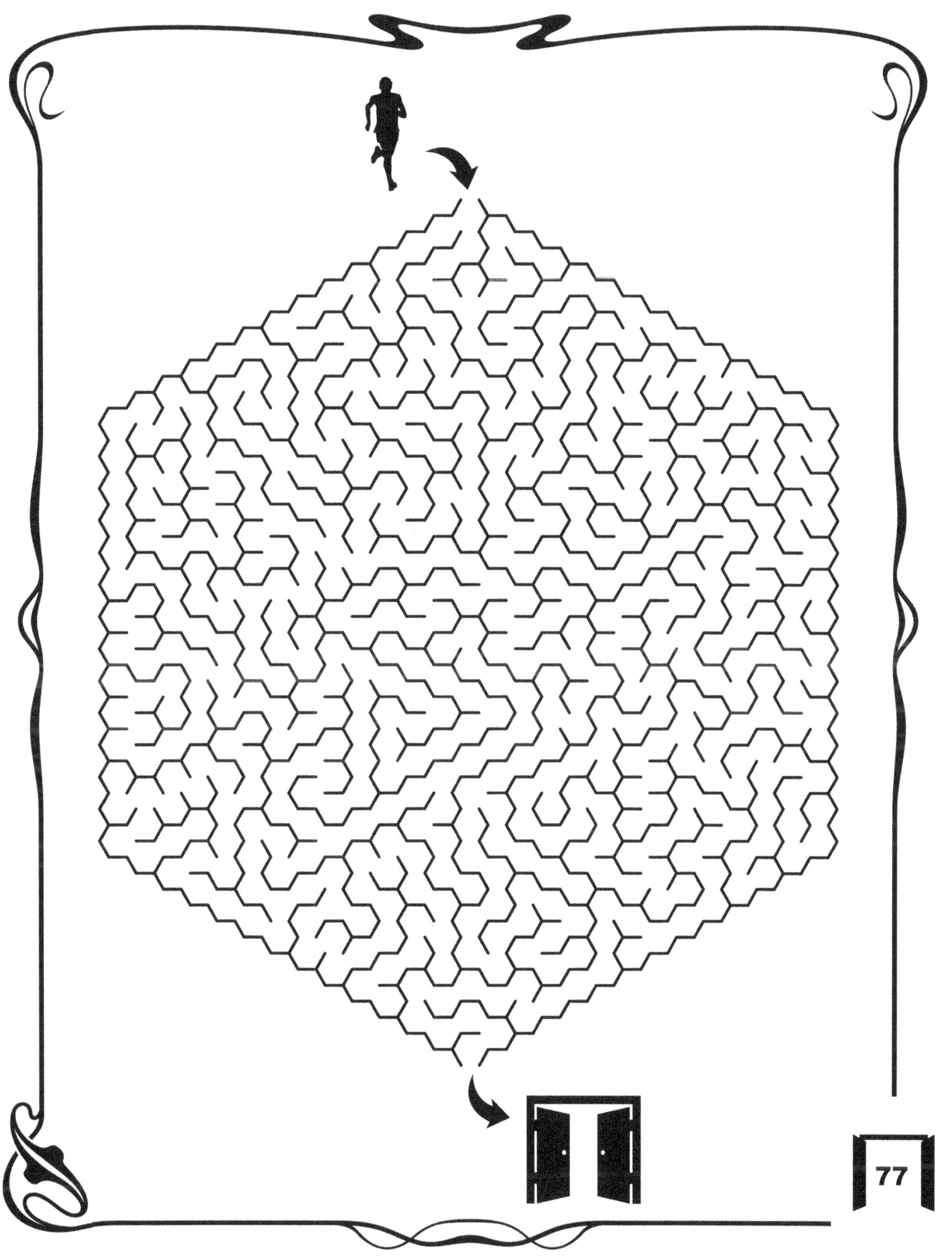

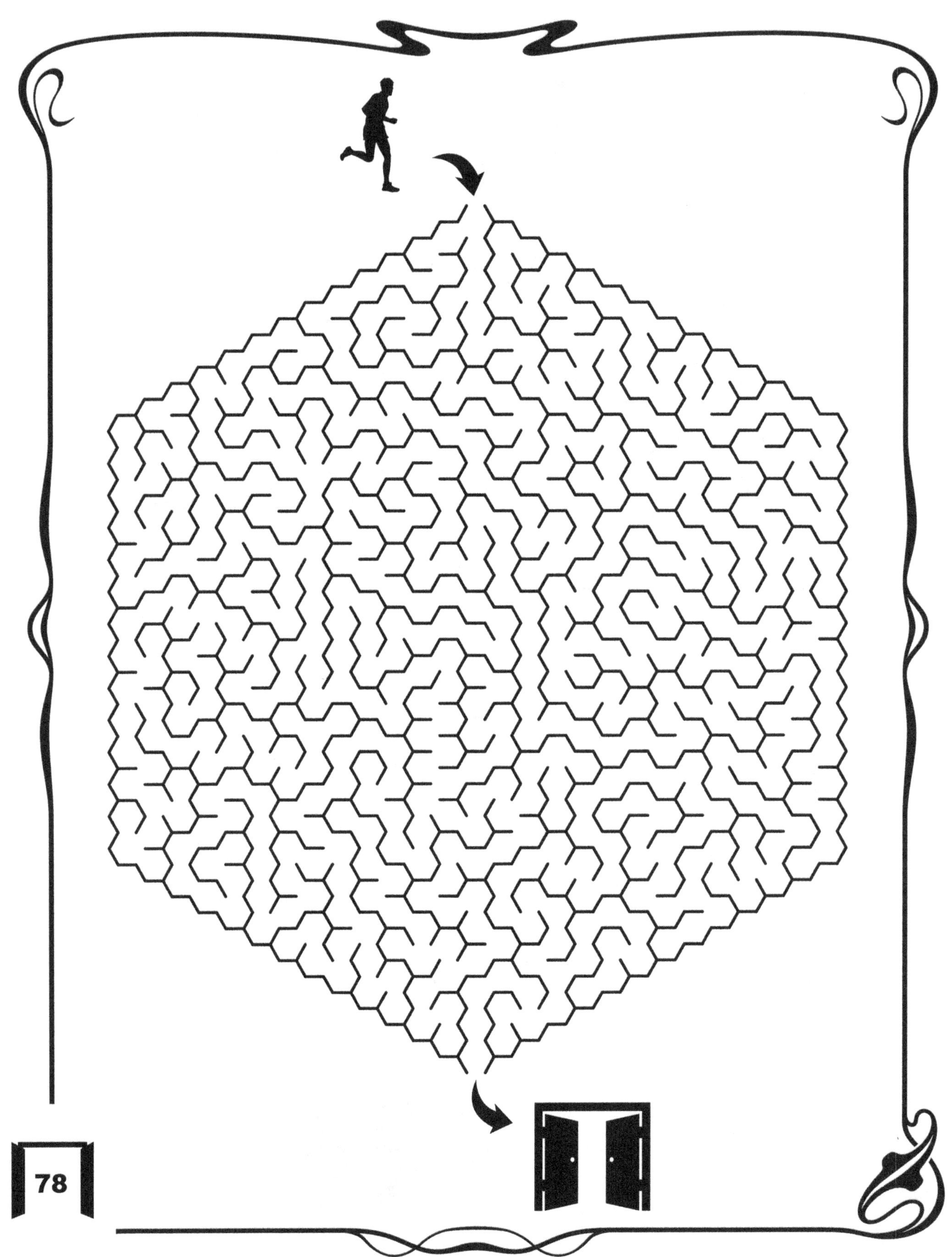

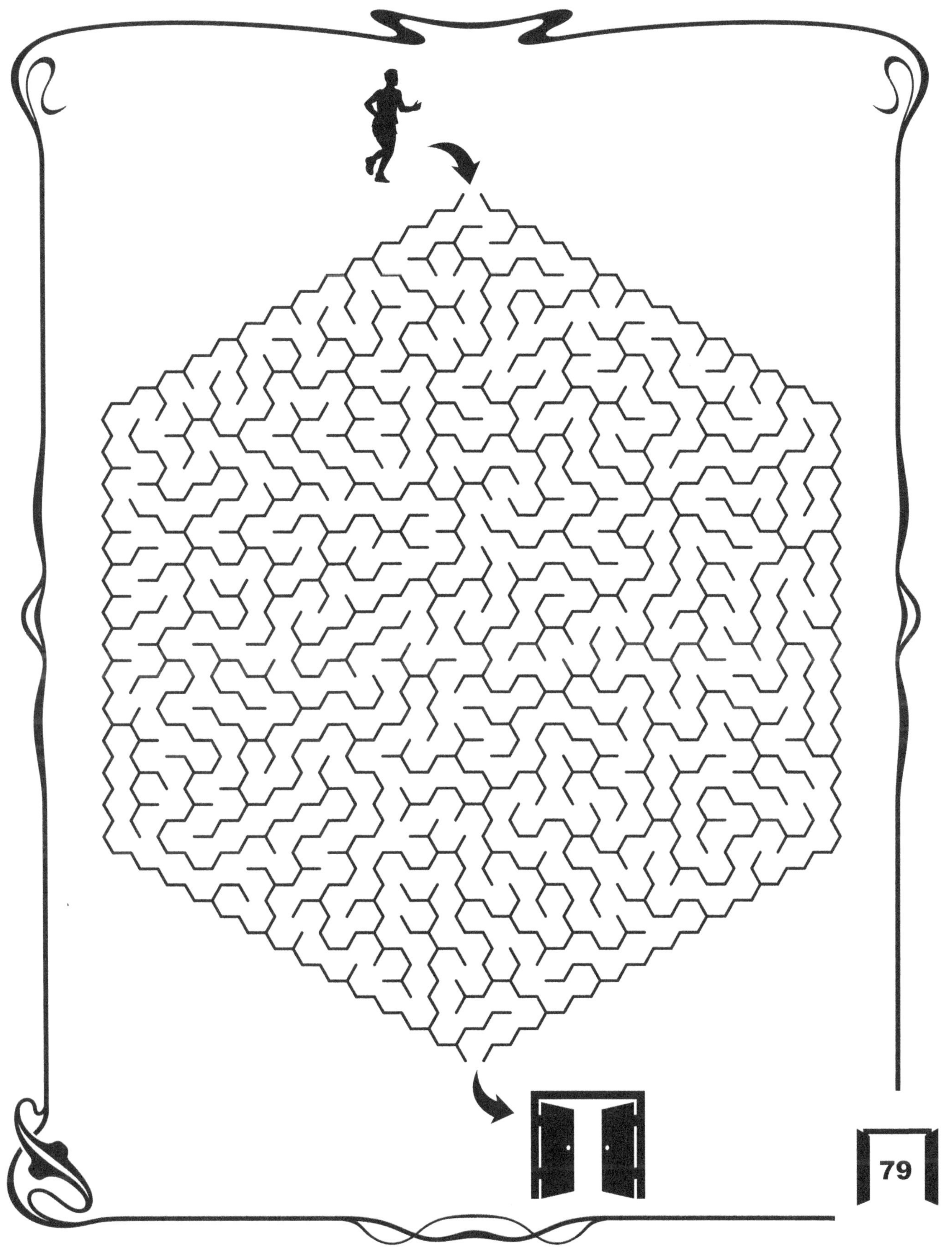

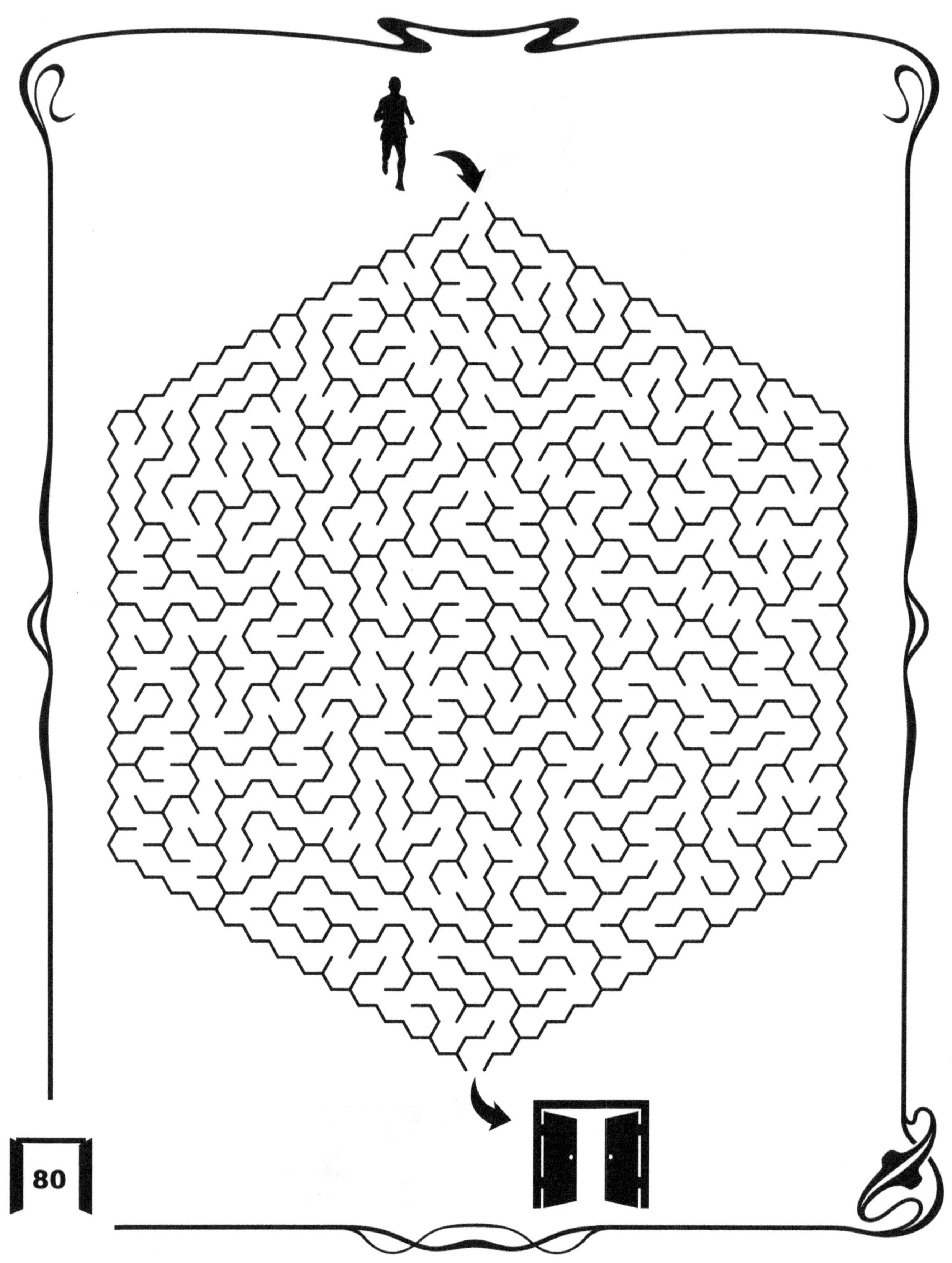

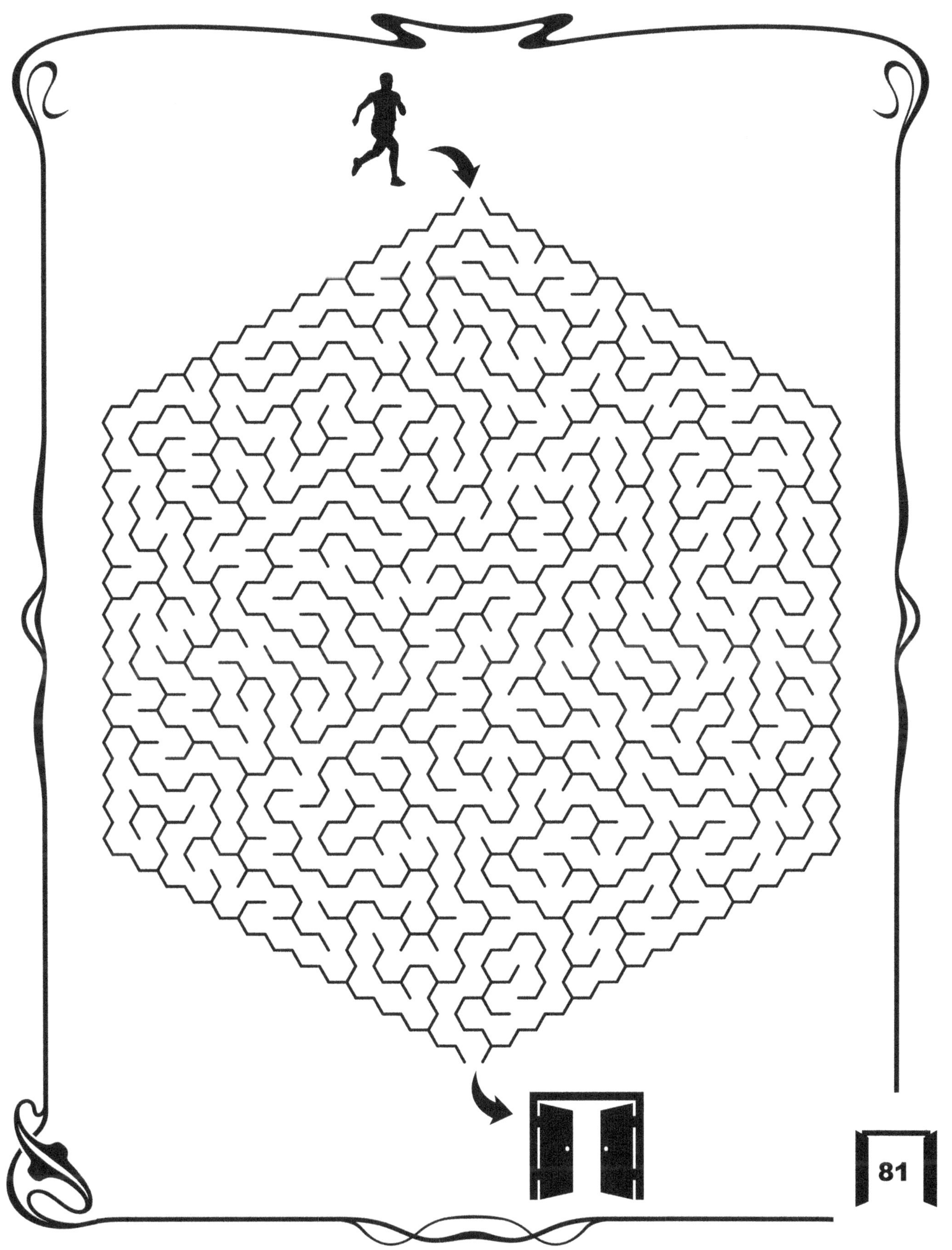

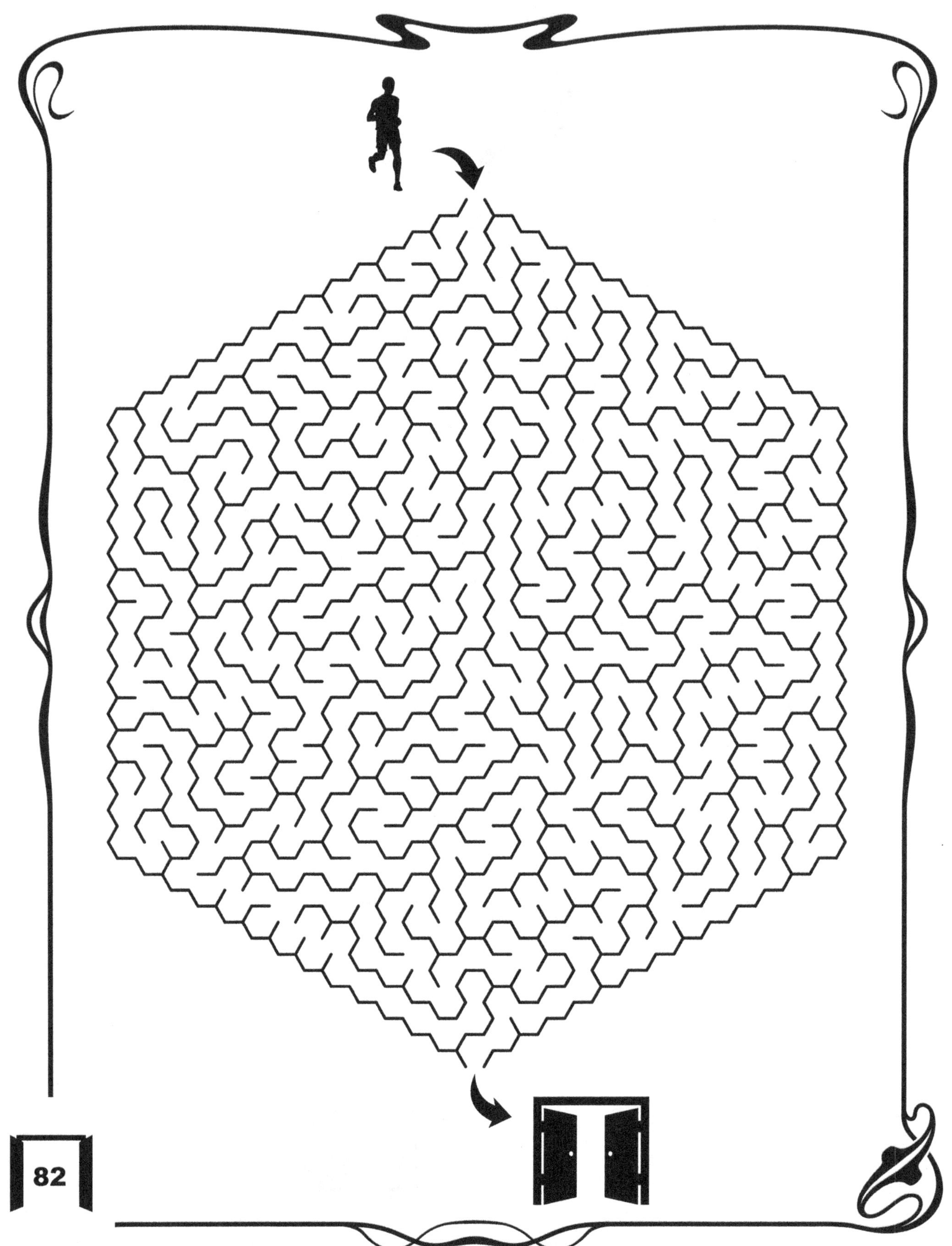

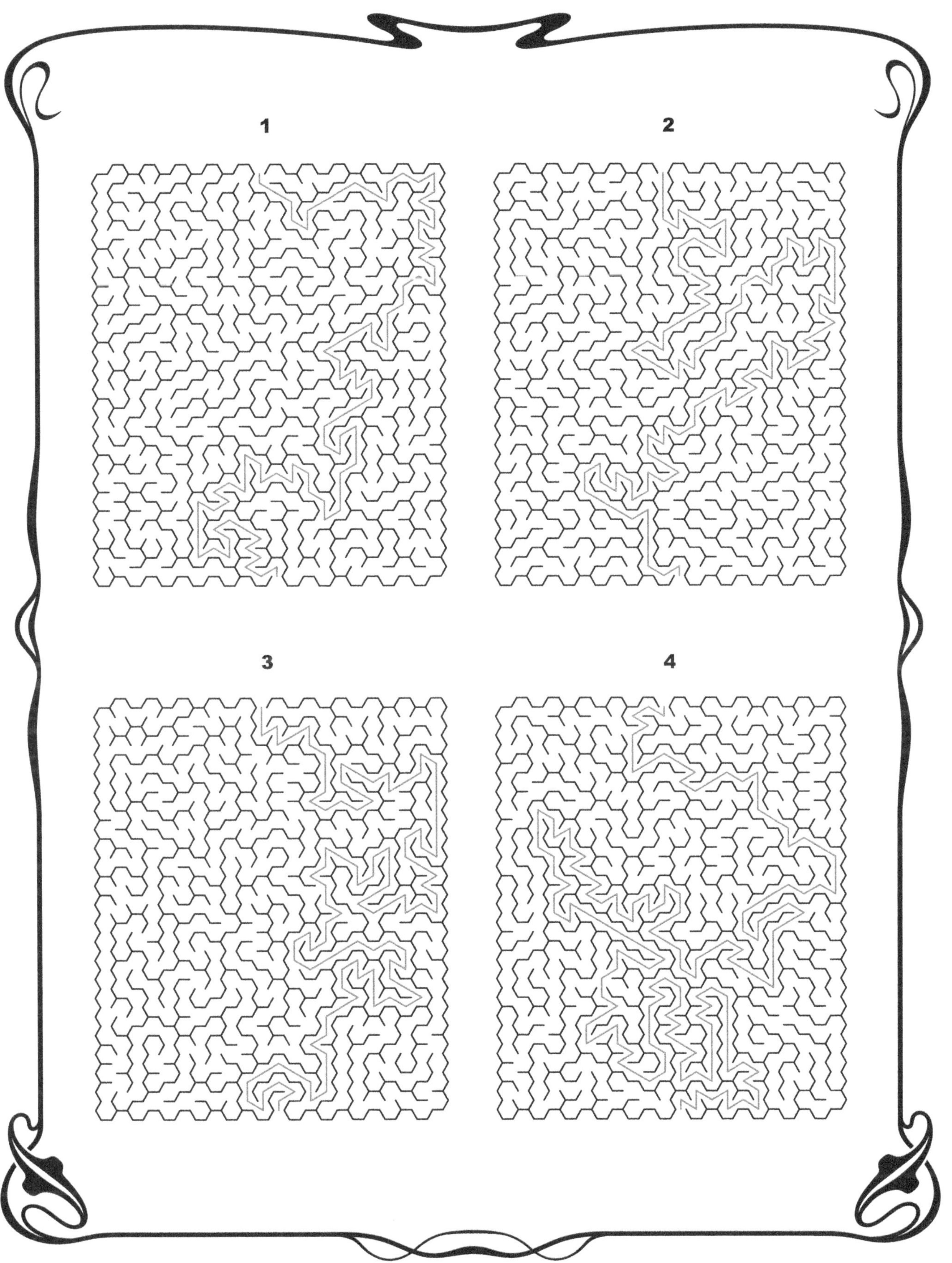
1
2
3
4

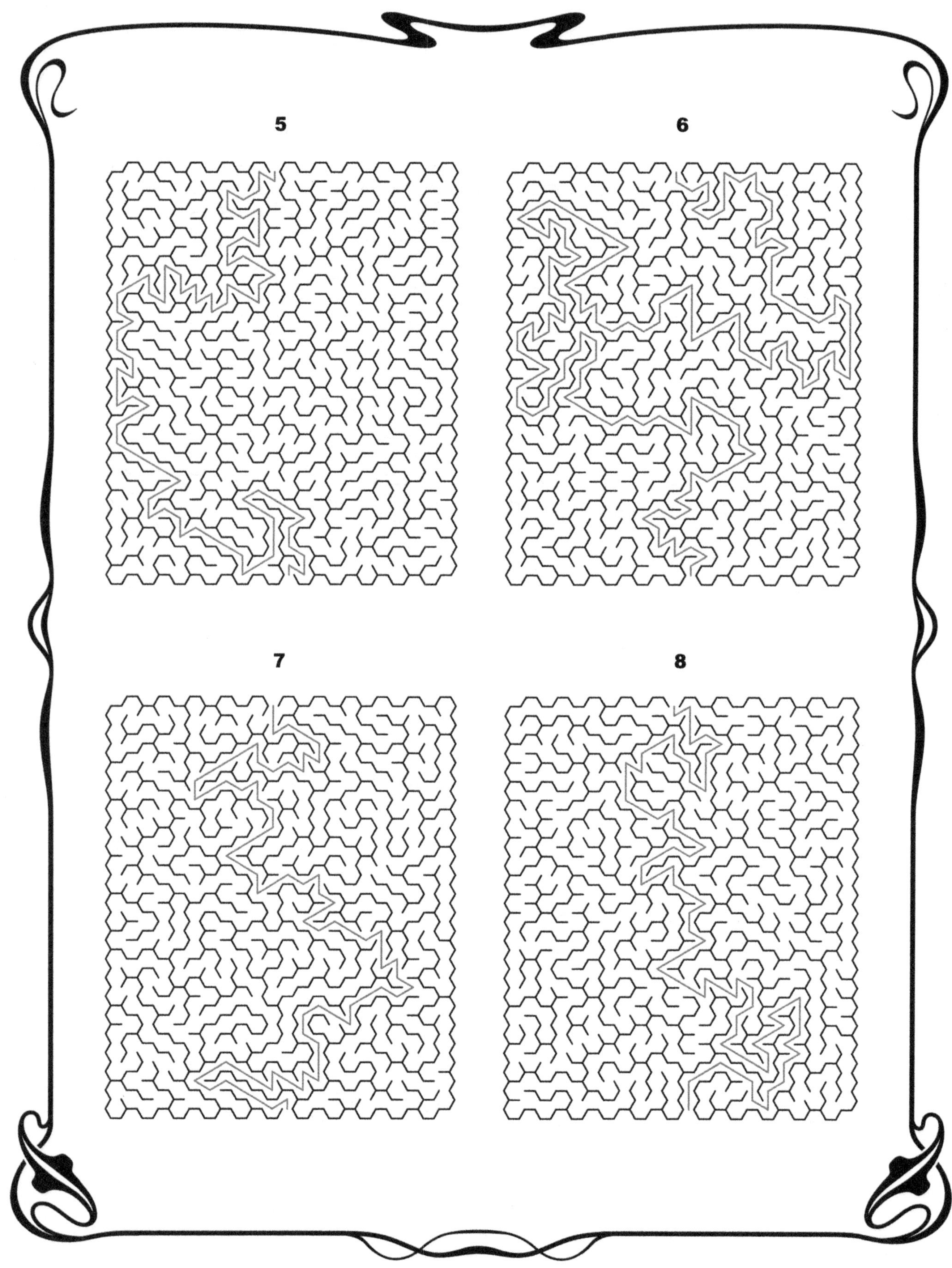

9

10

11

12

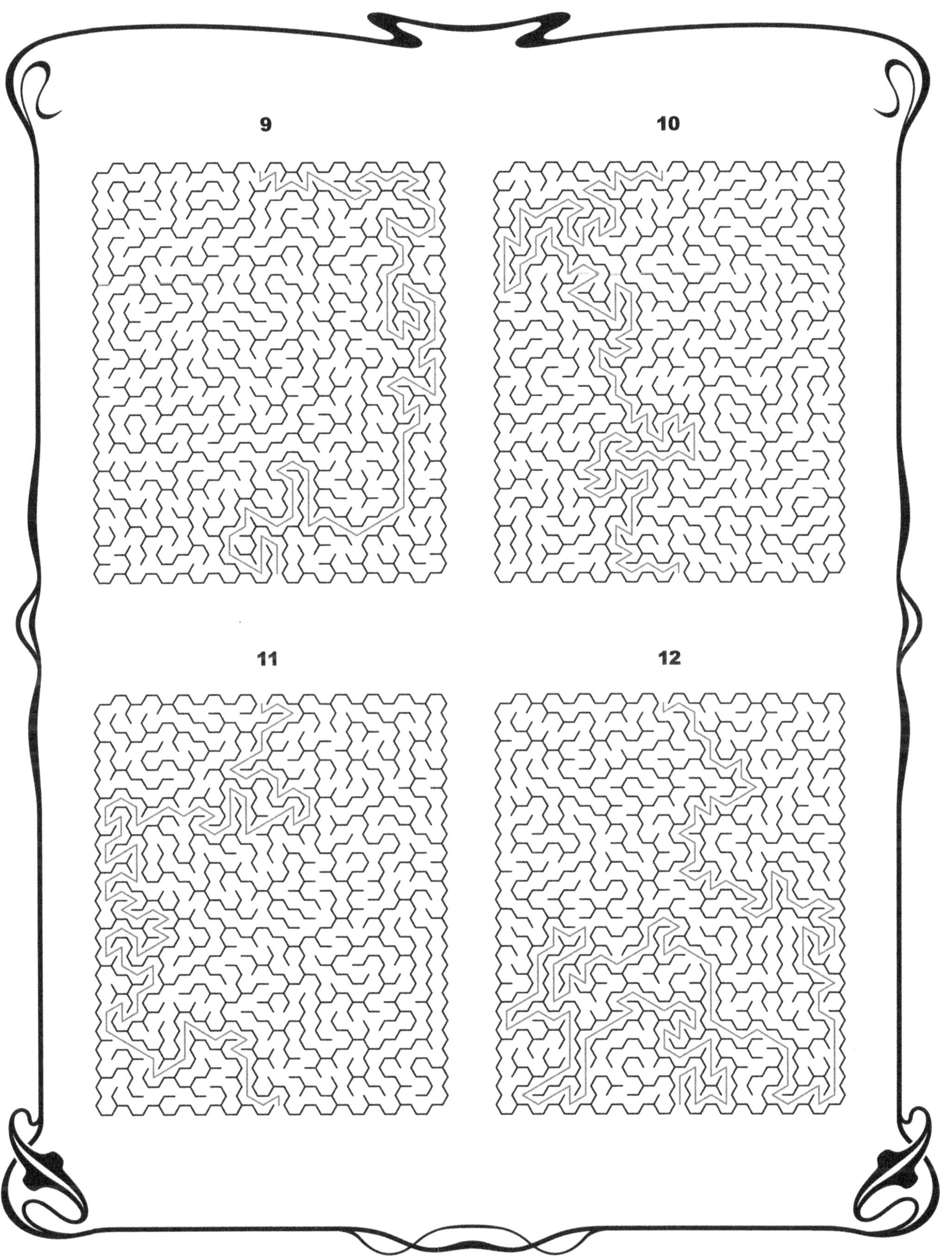

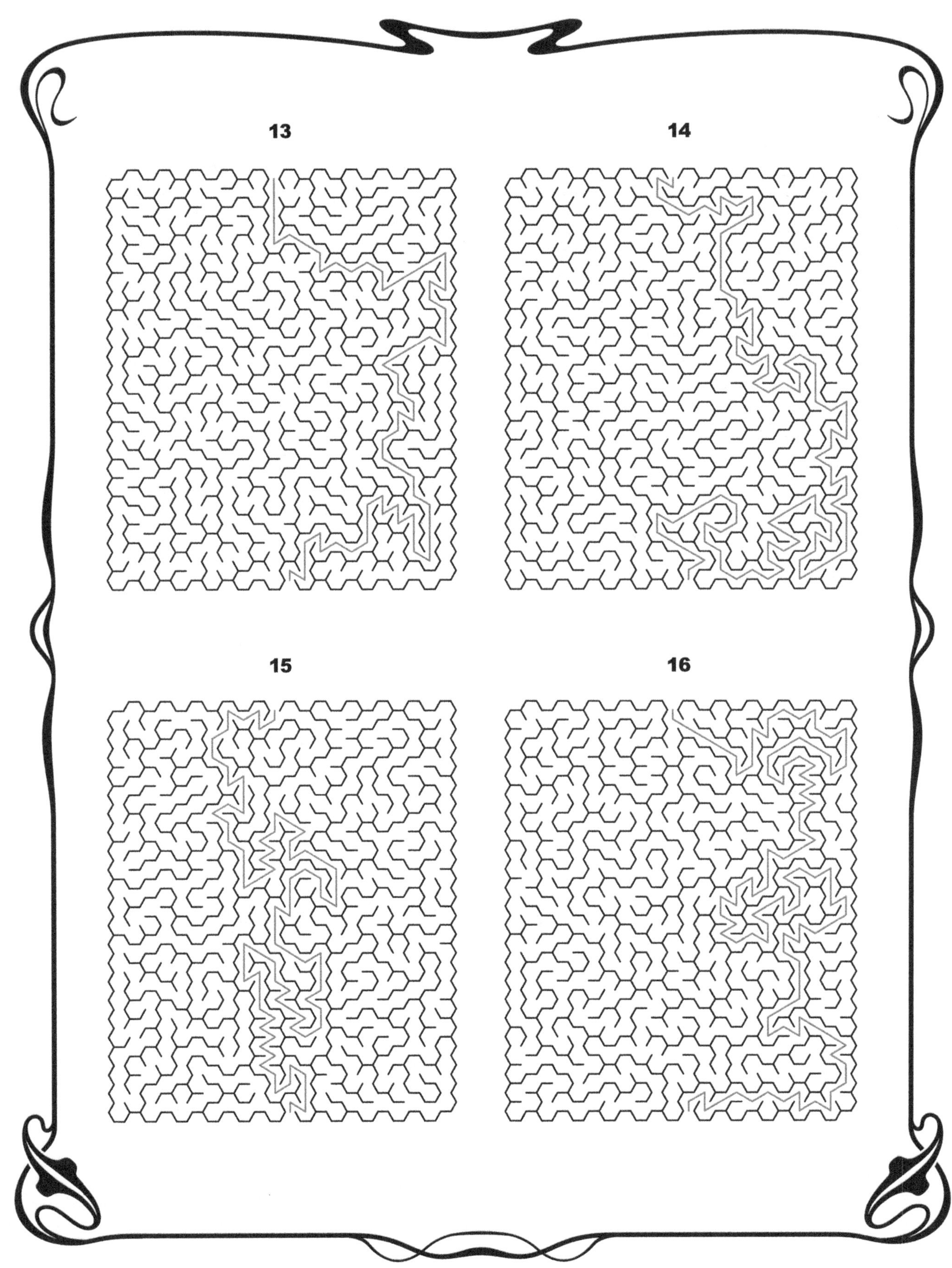

13
14
15
16

17
18
19
20

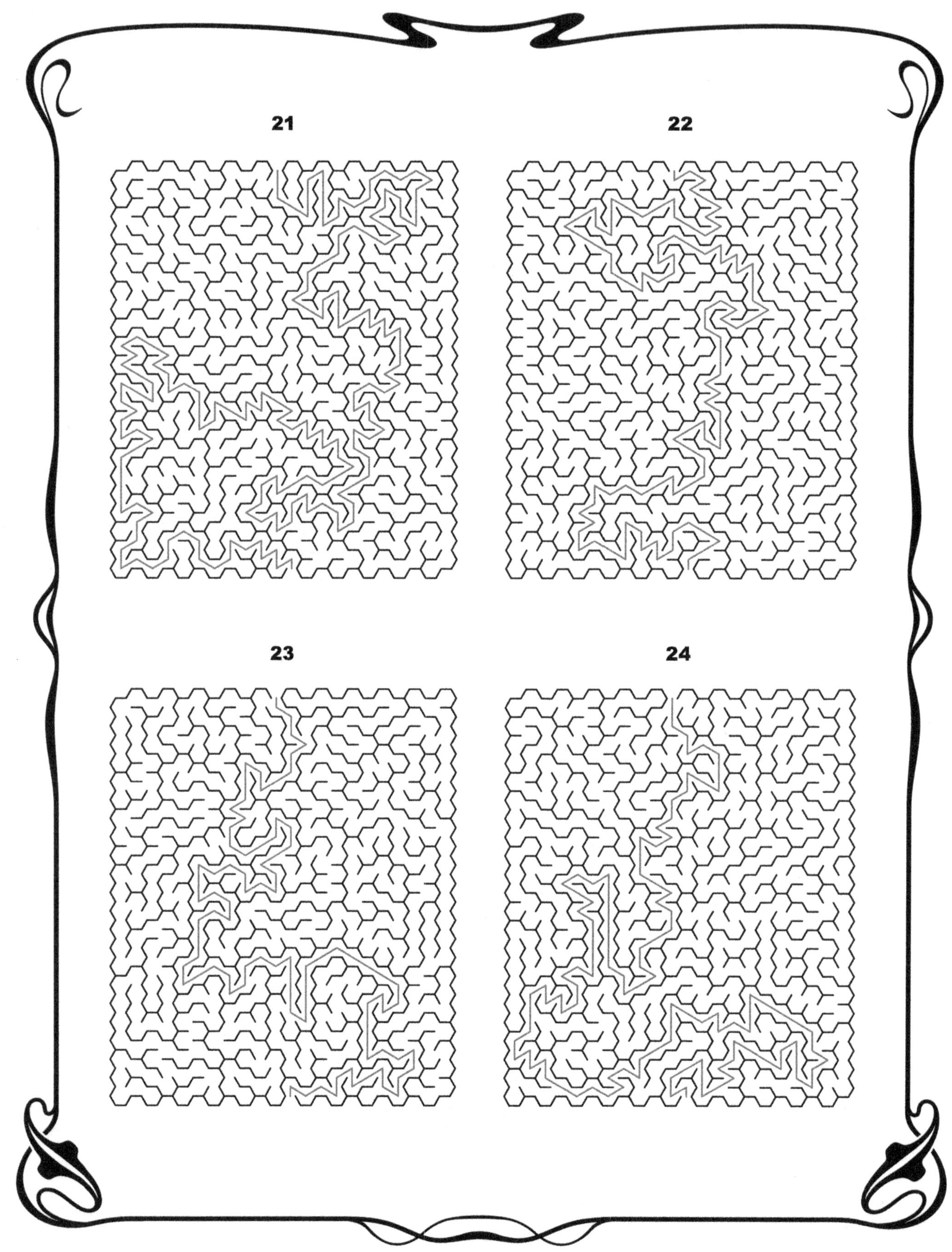
21
22
23
24

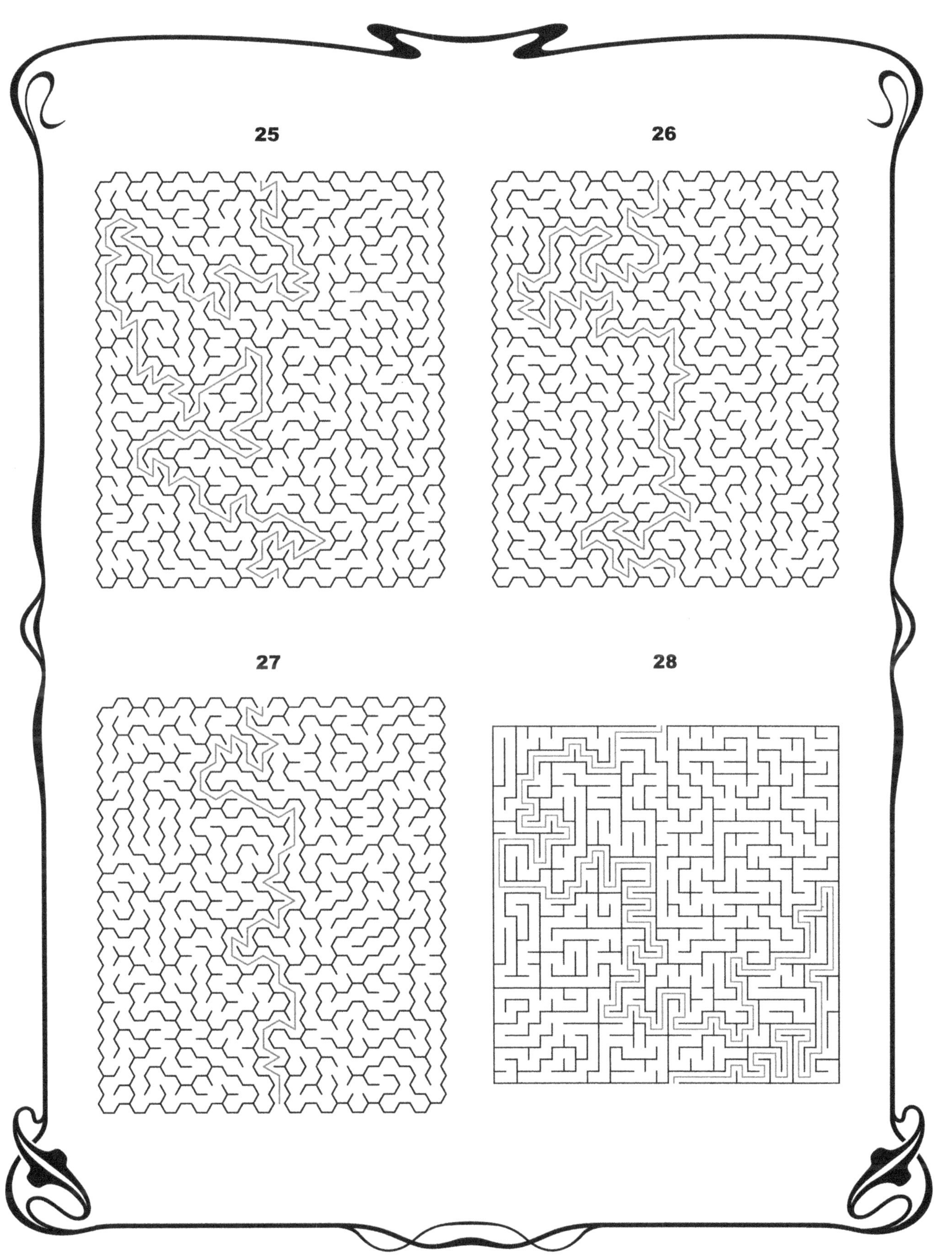

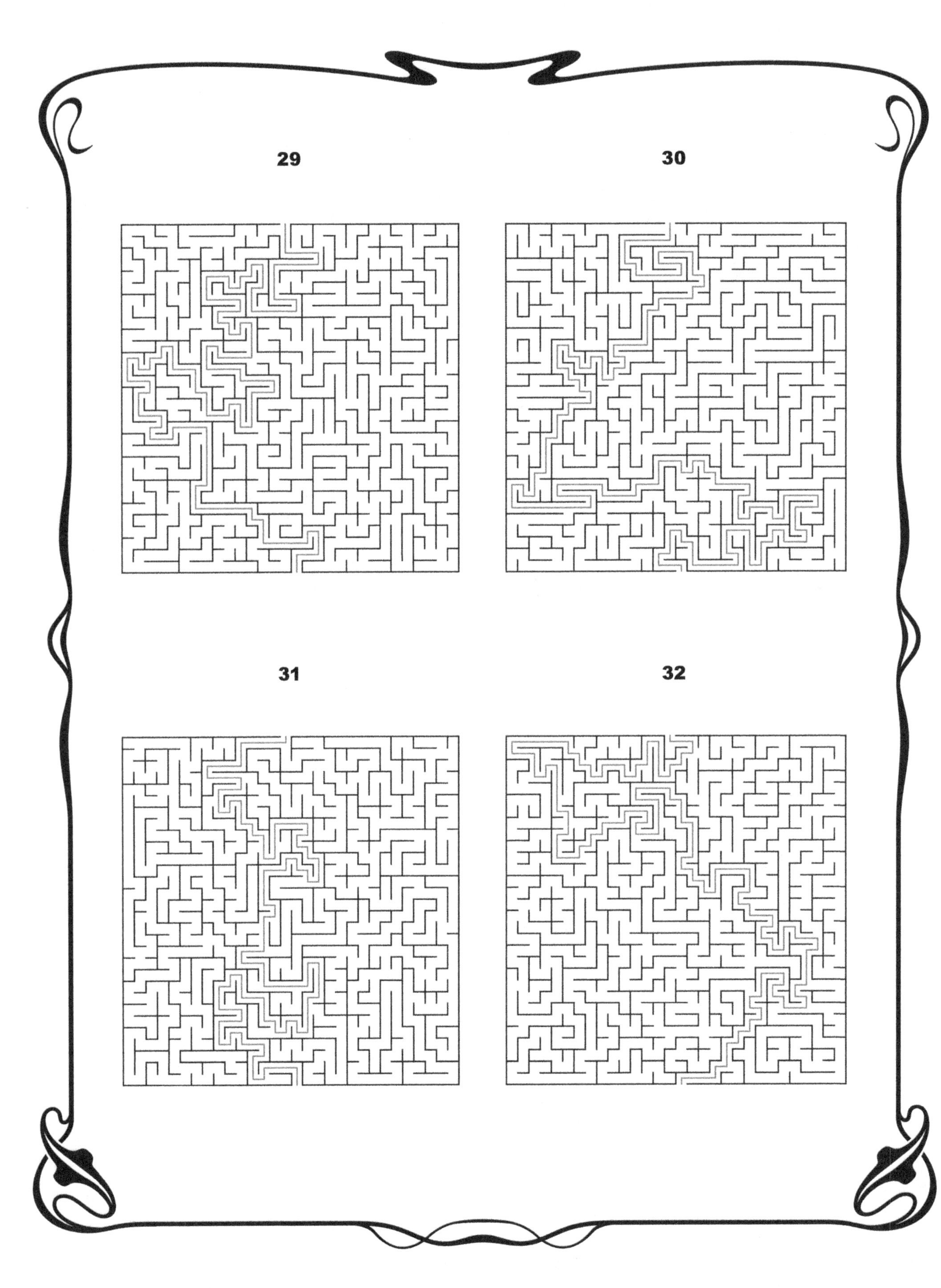
29
30
31
32

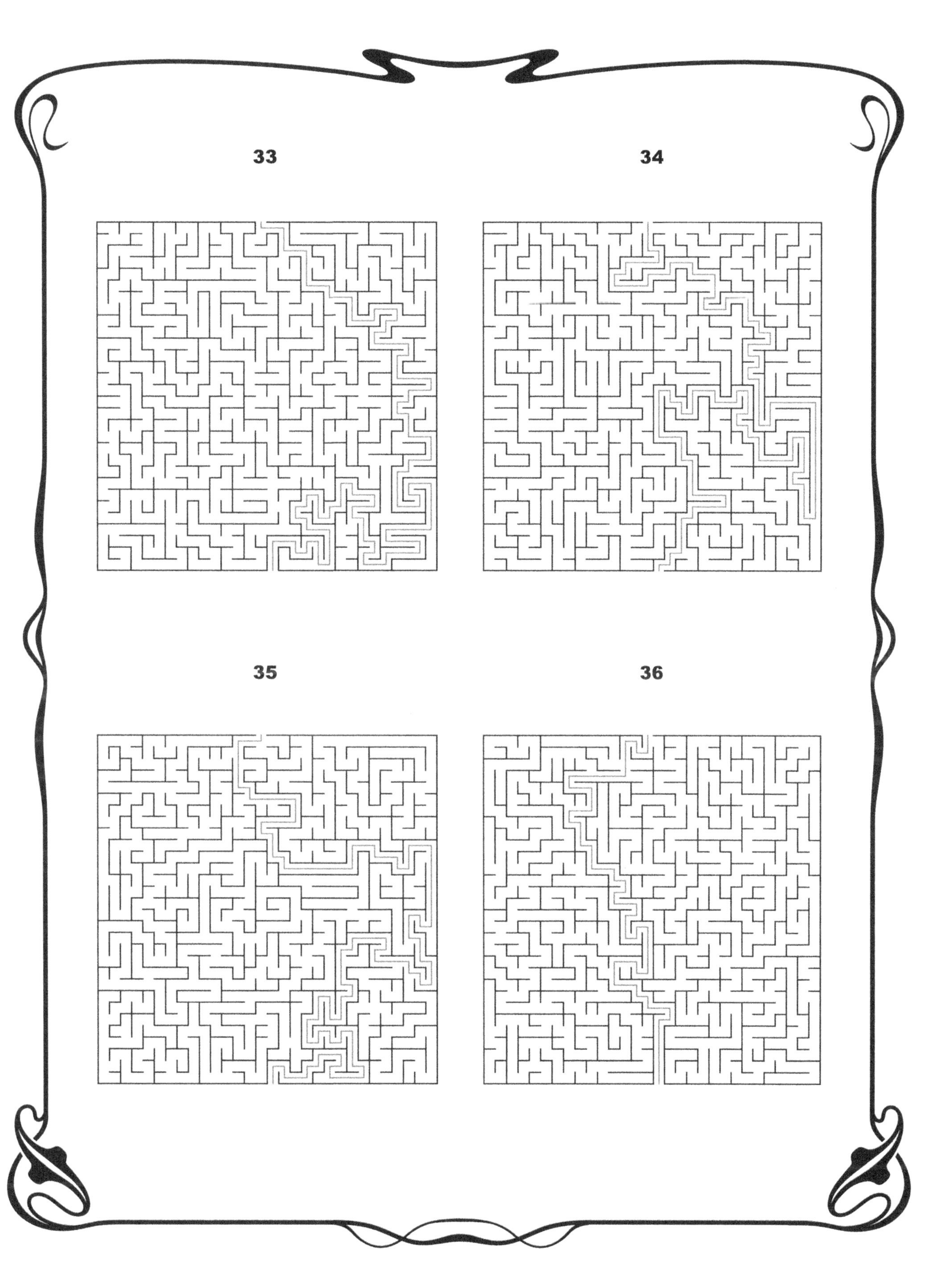

33
34
35
36

37

38

39

40

41

42

43

44

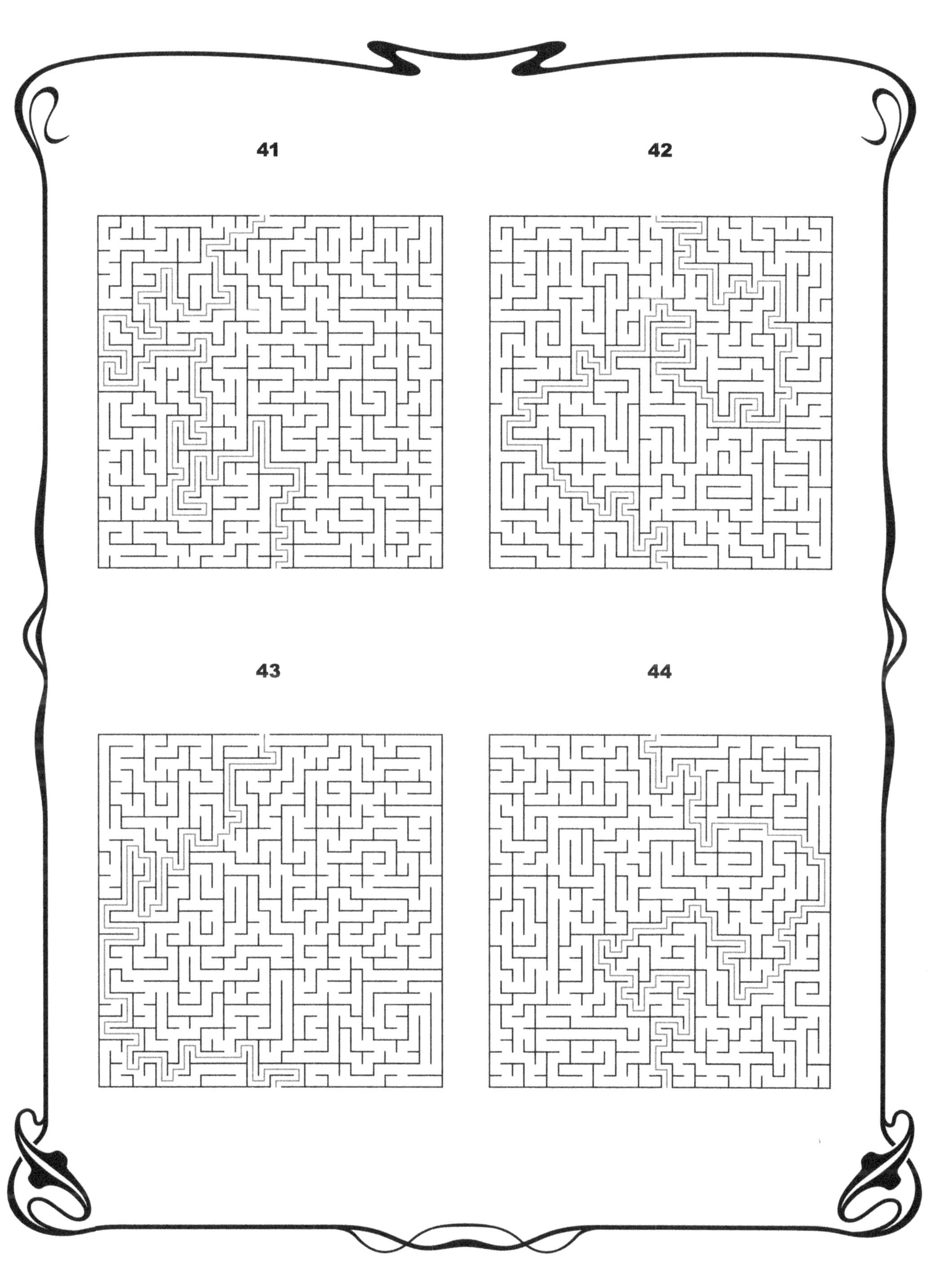

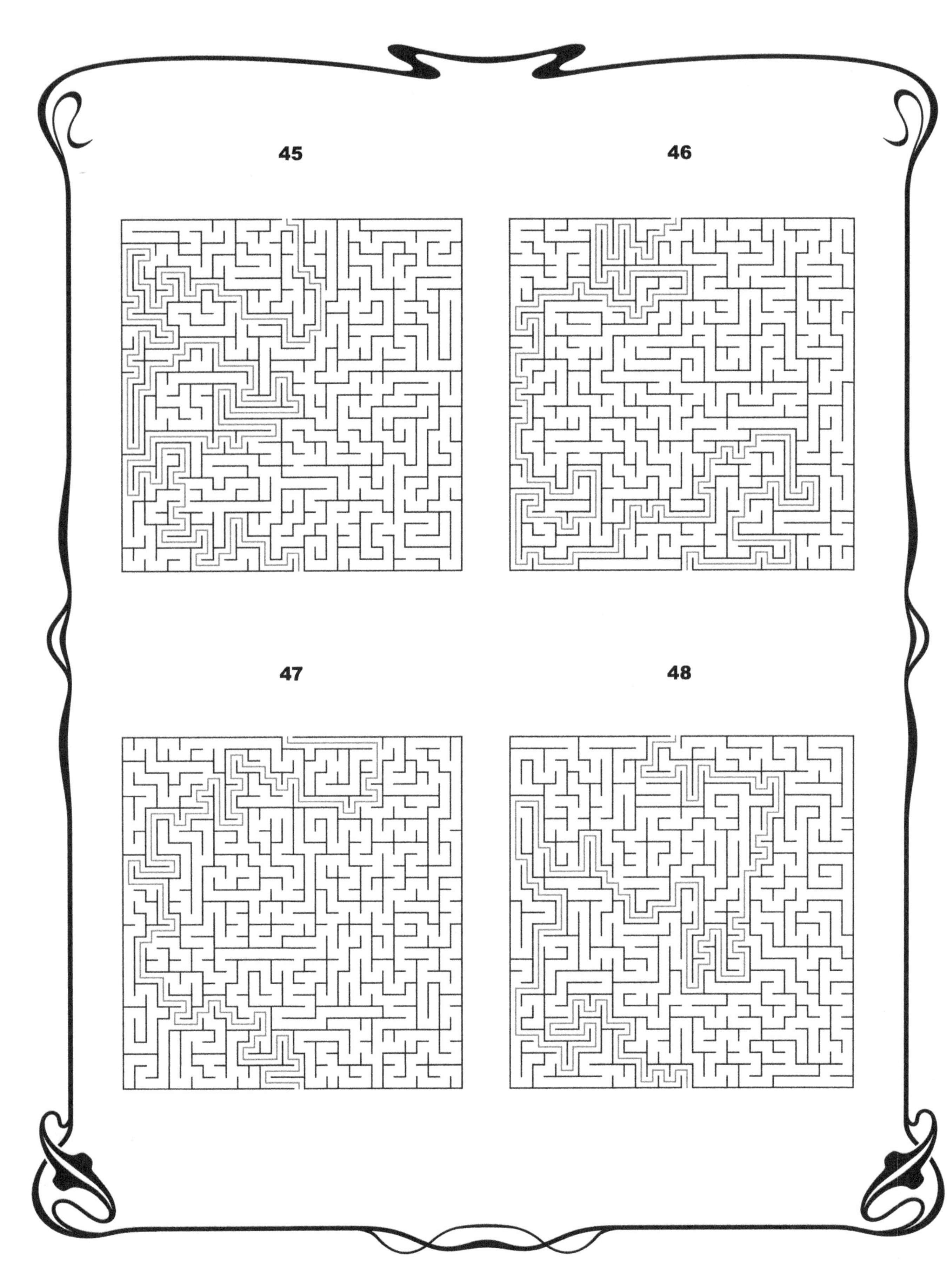

45
46
47
48

49

50

51

52

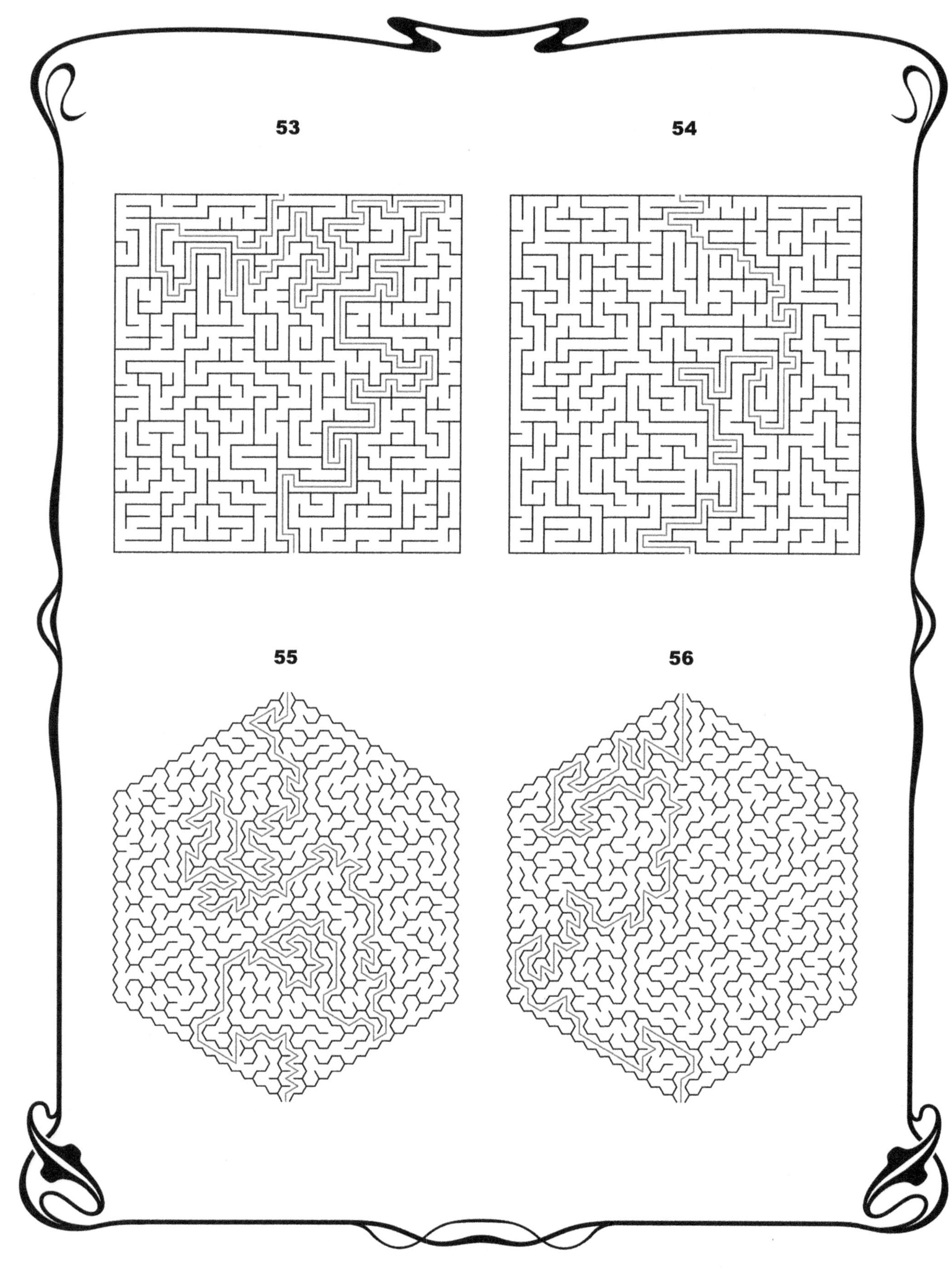

53
54
55
56

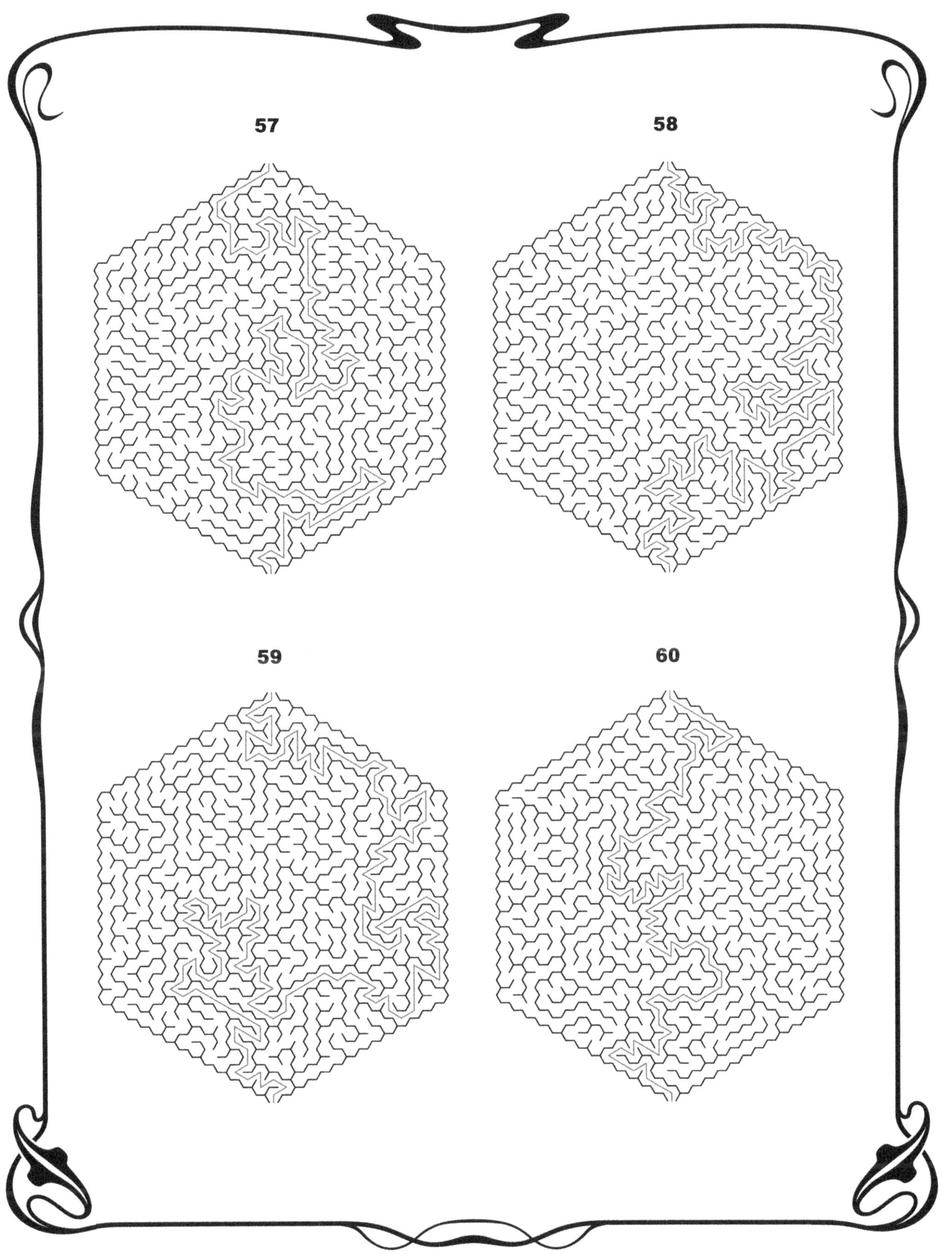

57
58
59
60

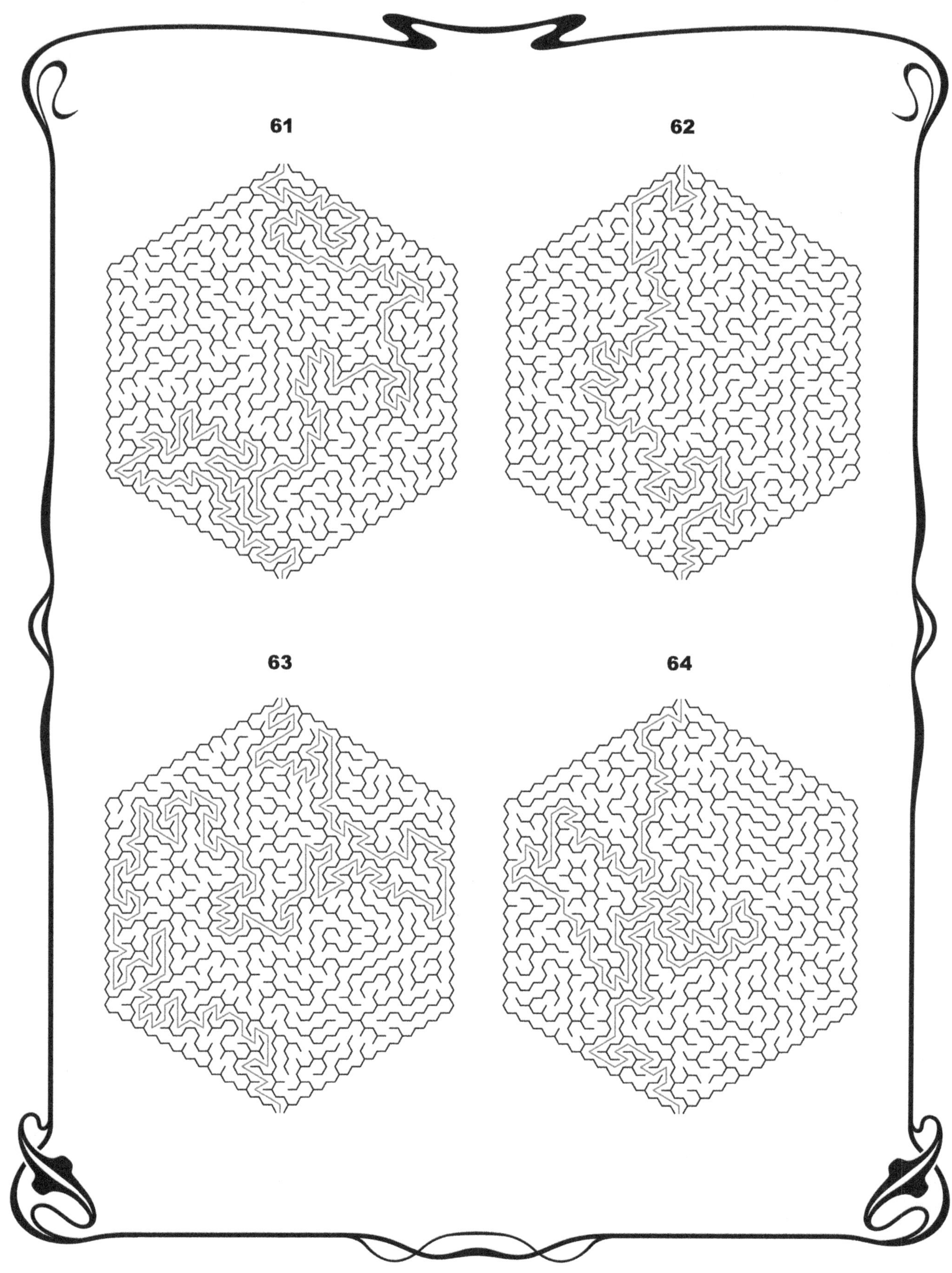

61
62
63
64

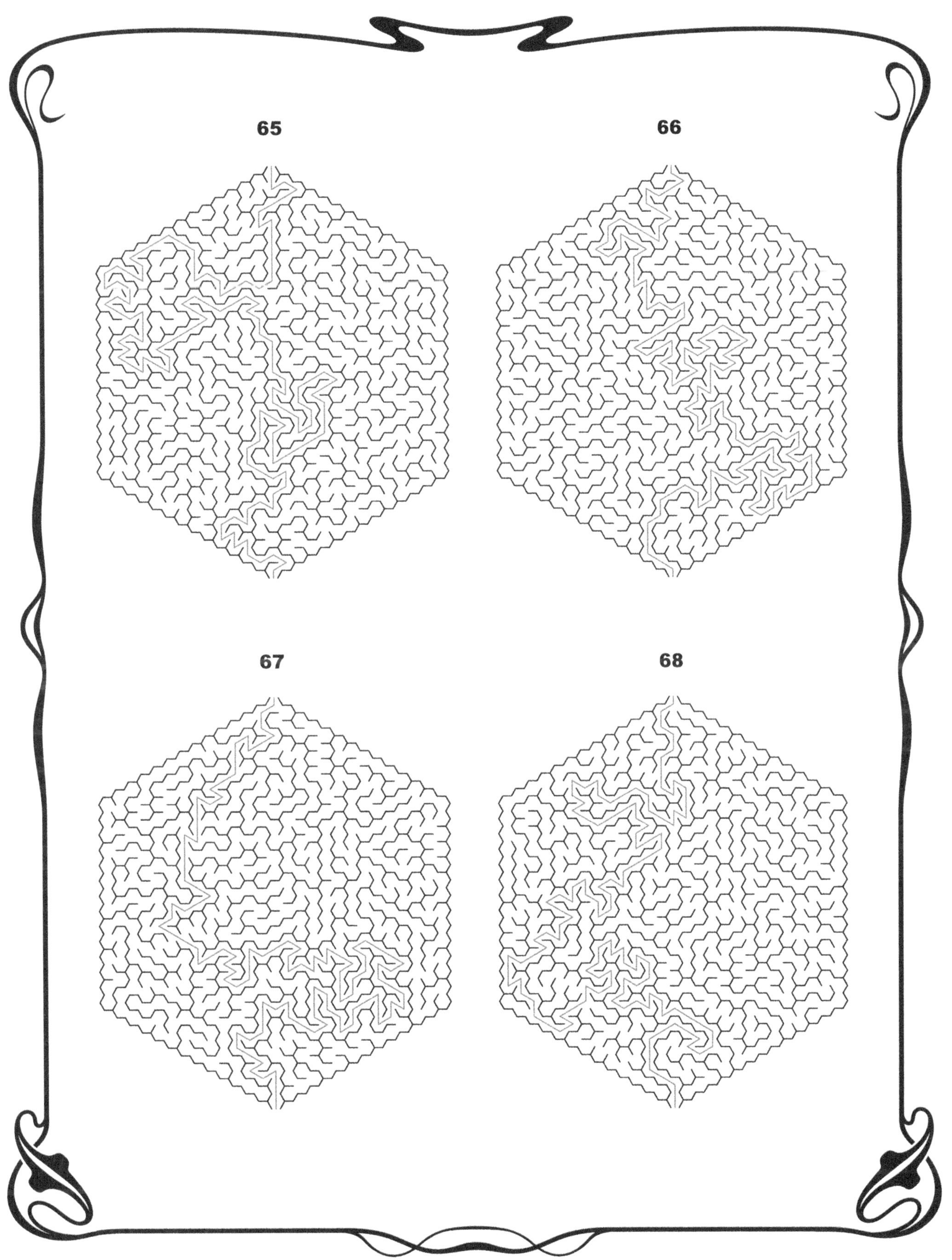

65

66

67

68

69
70
71
72

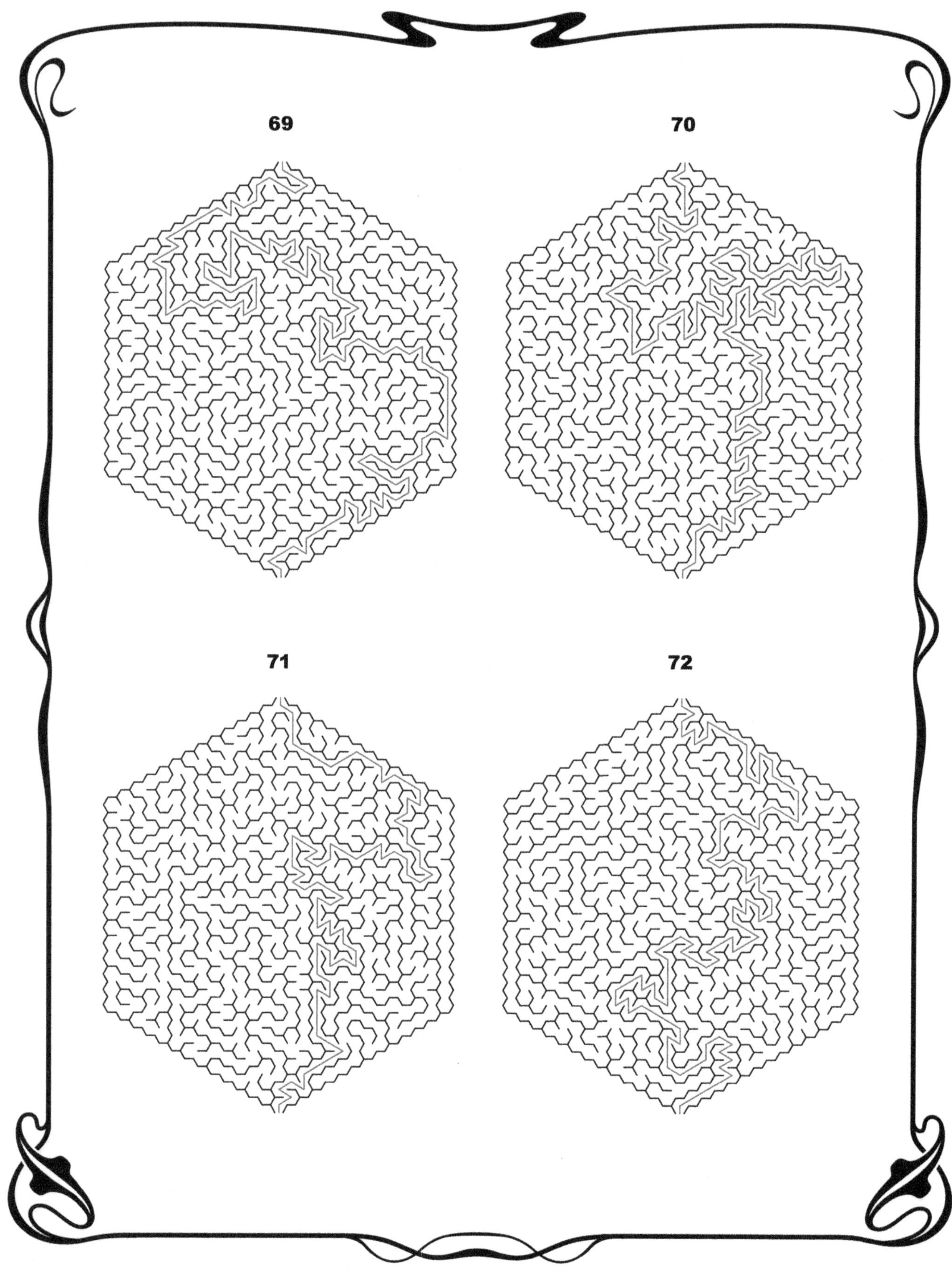

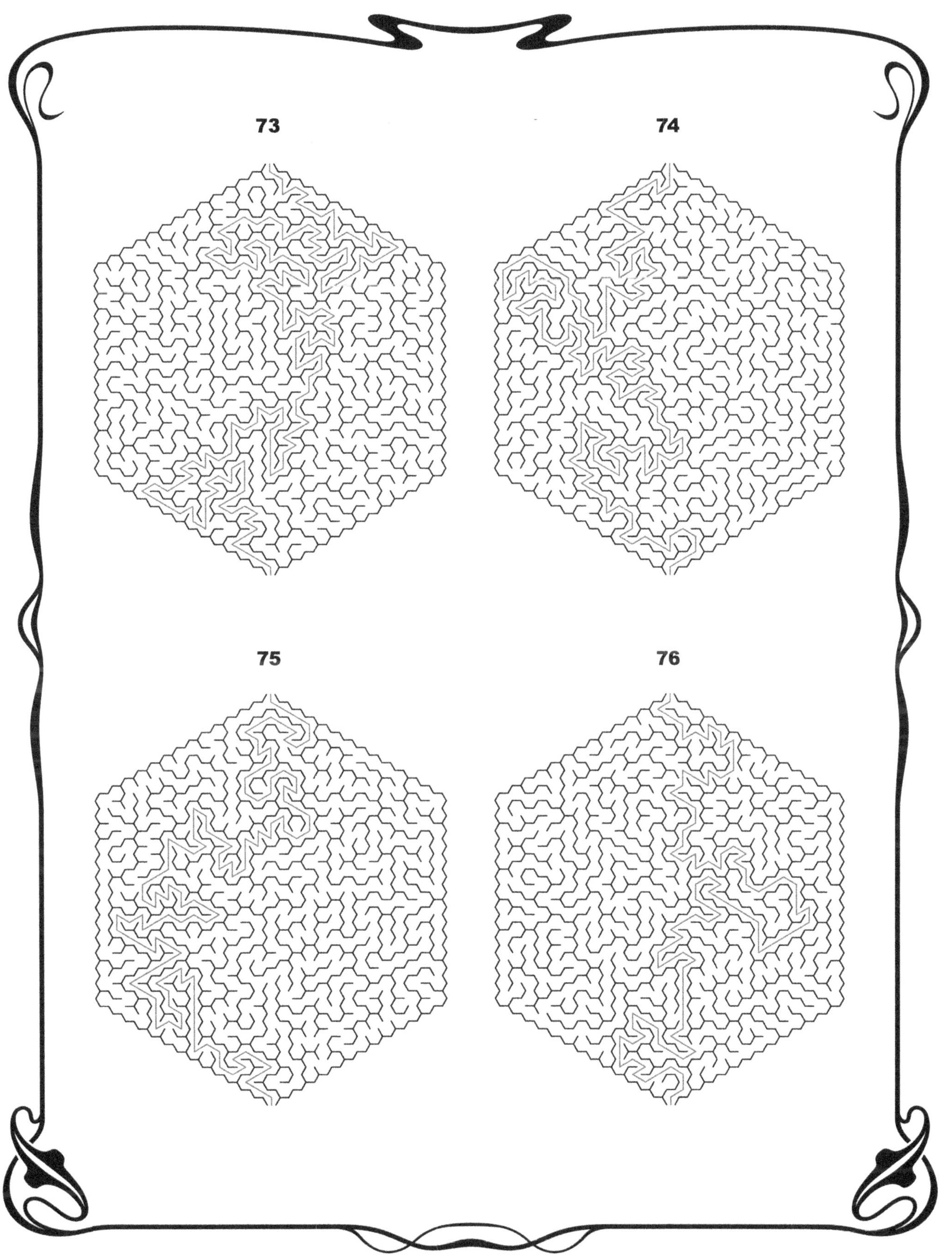
73
74
75
76

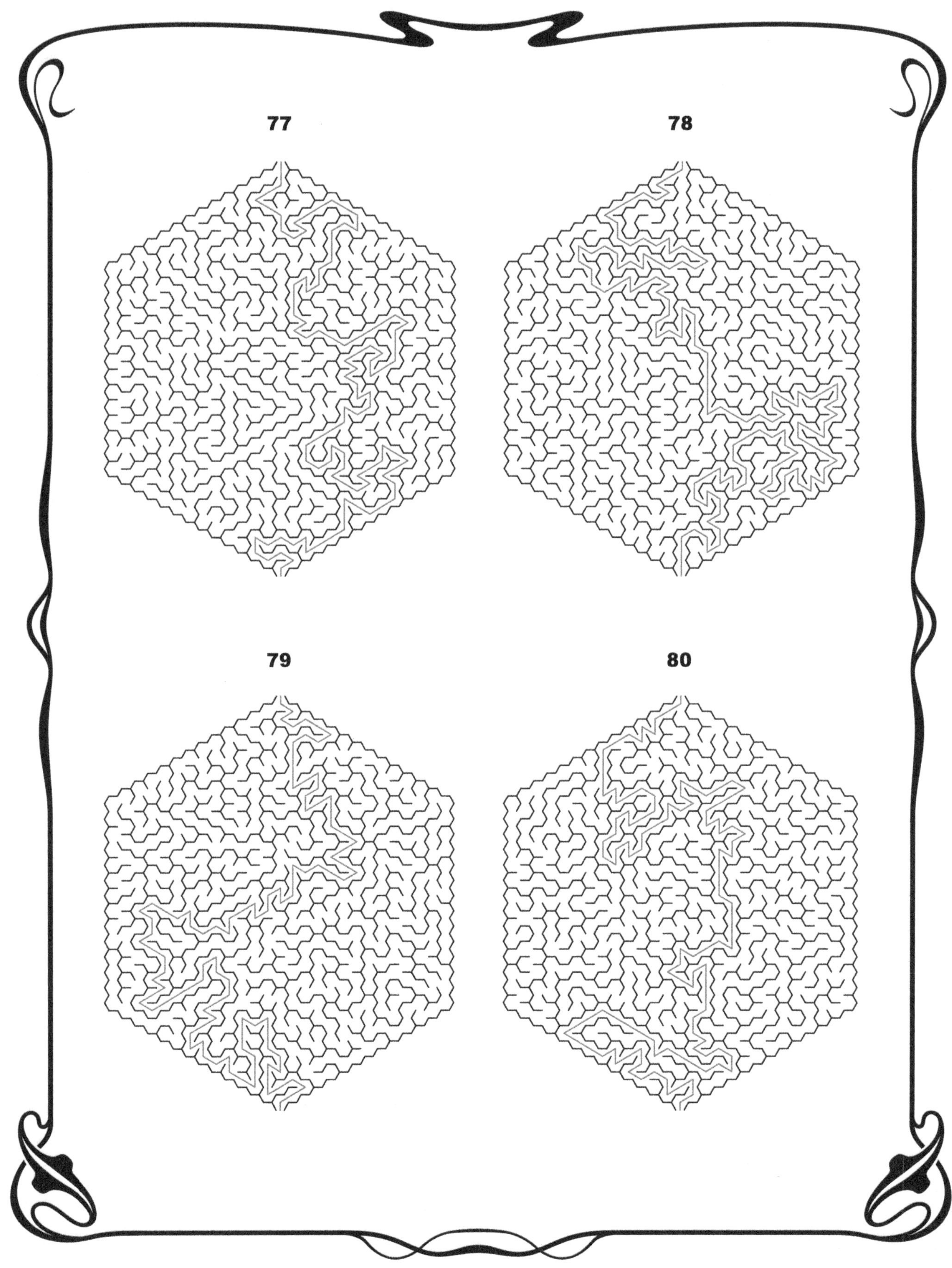

77
78
79
80

81

82

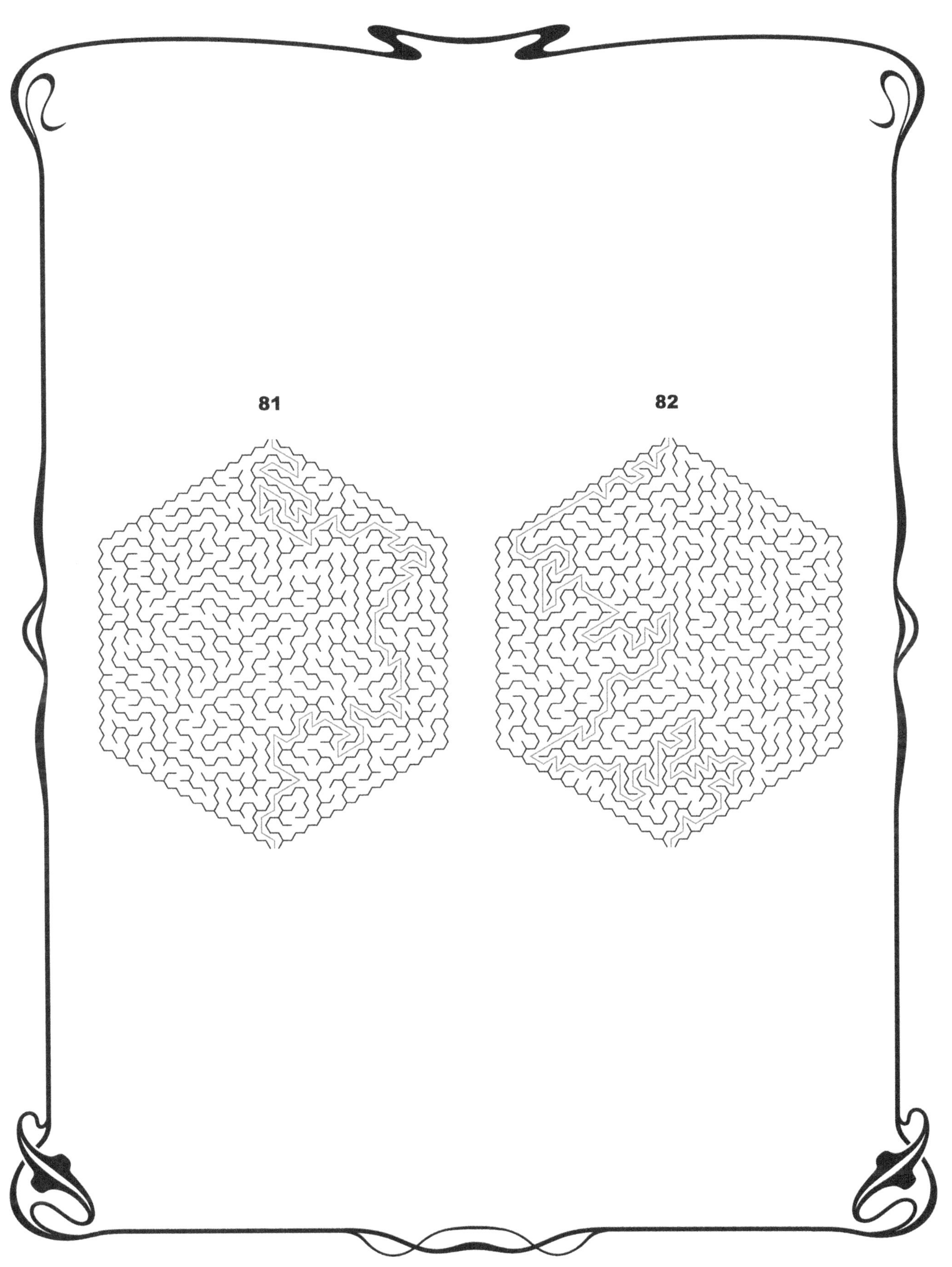

Made in the USA
Monee, IL
07 July 2026